Karajishibotan - Hida Touza

昭和史の隠れたドン

唐獅子牡丹・飛《ひ》田《だ》東《とう》山《ざん》

西まさる
Nishi Masaru

新葉館出版

昭和史の隠れたドン
唐獅子牡丹・飛田東山
目　次

※本書には差別用語、不快語とされる語句が多くある。例えば、「土方」「人夫」「非人」「バタ屋」などである。これらの言葉は、その歴史性や文脈を無視して無批判に用いれば人を傷つける差別の言葉になる。あってはいけないことだ。

しかし本書の主人公・飛田勝造（後の東山）は、それら差別の対象となった人達の社会的地位の改善に人生をかけた人である。そんな飛田の思いを噛み締め、舞台となっている歴史的背景も読み取って頂くべく、あえて語句の言い換えなどはしていない。

昭和史の隠れたドン

――唐獅子牡丹・飛田東山――

プロローグ

飛田勝造が尾崎士郎に言った。

「わしの生い立ちや若い頃のことを牧野吉晴君らが書いてくれて、それはそれで面白かったが、本当はわしの戦中戦後のことの方がよほど面白い。ところがそれを書くと若死にすると言って、みんなが嫌がる。どうです尾崎先生、書いてみませんか。資料はどっさりありますよ」

尾崎は言った。

「願い下げだね。飛田勝造の戦中戦後を書くと、若死にするんじゃなく殺されるんだろう」

「誰に殺されるんですか」

「それは君が一番よく知っているのじゃないか」

ワッハッハッ！

飛田と尾崎は顔を見合わせて大声で笑った。赤と白の大きなツツジの花が一面に咲きほこる庭の午後であった。

「ところで飛田さん。吉川英治君には、戦中戦後のことを書けという話はしましたか」

「言いましたよ。やはり断られました」

「吉川君はどう言いましたか」

「まだ殺されたくないと笑っていましたよ」

「そうだろう！」

尾崎と飛田は再び声を揃えて爆笑した。

尾崎士郎とは言うまでもなく『人生劇場』等で有名な大作家。吉川英治は『宮本武蔵』等、ベストセラーを連発した国民的人気作家。いずれも飛田勝造とは極めて親しい仲であった。尾崎の『人生劇場』の一方の主人公、吉良常は飛田がモデルである。

ちなみに牧野吉晴が飛田の半生を書いたのは『無法者一代』（昭和32年刊）。それを富沢有為男《ういお》が補作、『侠骨一代』として昭和34年に刊行した。これがマキノ雅弘監督、高倉健主演で映画になり大ヒット。そしてご存じ「唐獅子牡丹」シリーズとなり、任侠映画ブームのさきがけとなったのである。

ここで念のため書いておく。小説では飛田を「無法者」と題しているが、彼の実像はかなり違う。彼の無法は次の無法だ。

理不尽に新兵を苛める古参兵に反発し上官を殴る無法。

土建仕事の現場では弱い立場の労務者から甘い汁を吸う親分に反抗して喧嘩、労務者を救う無法。

既得権者からみると、飛田は許しがたい無法者だ。その後の彼の生き様、行動を調べると、出るわ出るわ飛田の無法が。その無法は言うまでもなく世の常識を破る無法なのだ。

その無法を一言に表せば、「弱きを助け、強きを挫き」となるのである。そんなこと実際にあるのかい？　とお思いの方、どうか飛田の生き様をご覧くだされ。飛田は一生のすべてを、「弱きを助け、強きを挫く」に徹して生きたことがお分かりになるはず。

さて、このプロローグに書いたツツジの庭での尾崎と飛田の会話は終戦後のことであった。

○

それから七十三年。本著の筆者、西まさるの許に突然、一本のメールが届いた。西は尾崎士郎や吉川英治とは比較にはならないがノンフィクションを書く作家である。そのメールはいかにも端的、「私は飛田勝造の次女です。飛田の戦後のことをお話ししたい」。これだけであった。

西の背中に戦慄が走った。

西は今までの著書や随筆の中で度々飛田を採り上げている。それは飛田の姿勢が常に弱者の側に立ち強者に立ち向かう、普通の人間にはとてもできそうもない正義感が溢れる生き様に感銘を受けていたことに他ならないのだが、書く以上はそれなりの調べもしていた。

調べた結果、飛田には、「唐獅子牡丹」を背負った痛快さと同時に、日本の権力の暗部に出入りした恐ろしさがあることも知った。

もし、それを暴けば現代の政財界に良からぬ騒ぎを起こすこともある。そんな恐ろしいレベルの話だ。ずばり言えば、戦後七十年経った今でも、「それを暴くなら、殺してでも口を封じなければならない」とする誰かがいてもおかしくないほどなのである。

飛田は「戦中戦後のわしを書くと面白いよ」と茶化すように言う。尾崎や吉川は「まだ殺されたくない。願い下げだよ」と笑う。牧野や富沢は現実に戦前までの飛田の生き様で物語を止めて、それ以降は書いていない。彼らが『無法者一代』などで飛田を書いたのは昭和三十二年、三十四年。言うまでもなく戦中、戦後の飛田の活動を知っている時期だ。充分にナマの取材も出来る環境だ。それなのに書いていない。否、書けなかったのだろう。

さらに不可解なのは尾崎秀樹《ほつき》である。作家であり文芸評論家である尾崎は、「飛田勝造の生きかたにさわやかなものを感じ親交をかさねた」と書き、また、「私は、この胸のすくような男、〝最後の町奴〟に惚れこんだ。新橋の畔の事務所、青梅の東山農園にも通い、飛田の半生を彼の根底に流れる水戸学の精神を念頭に書こうと取材をかさねた」と念を押す。そして「私が書くべきだろう」とまで言っている。

さらに尾崎は、飛田が自身の自伝『生きている町奴』を上梓するにあたり、出版社を紹介するなど様々な手助けをしていた。跋文も書いている。同書編集中のやり取りを書いた手紙が数通あった。それを読むと、まるで飛田のスタッフのような距離感だ。既に何でも知っている仲だったとみえる。

その尾崎は単著、共著で二百冊を超す作品を残す健筆家で、さらには飛田と二十年以上も親密に付き合いながら遂にそれを本にすることはなかった。書かなかったのだろうか、書けなかったのだろうか……。


その飛田の戦中戦後を尾崎士郎も吉川英治も牧野吉晴も富沢有為男も書かなかった。尾崎秀樹も書くと言いながら書かなかった。さてさて難問である。

しかし西は書くことにした。ご遺族の協力もあり、今、西の目の前に段ボール箱にすれば六、七個もの資料が積まれている。これらは飛田の書斎や事務所にあったと思われる書類、手紙、写真、十五冊のスクラップブック、そして本人のメモ、メモ帳。ご遺族が「開けたこともないのよ」とおっしゃった資料群だ。

さらには飛田のかつての関係者から紙袋二つ相当の資料も寄せられ、西の手許に積まれている。

これらを、ざぁーっと流し見た。

資料には、何でこんなものがここにあるのだと思うような、公官庁の内部資料の写しや訴訟資料。手紙には、名を見ただけで一瞬引いてしまう怖い人が差出人のもの。さらには、飛田宛に長々と書かれた高級官僚からの詫び状。某省がある事業を開始する旨を飛田にまるで許可を求めているような文書。そして、誰でも知っている国家レベルの大工事の着工計画書が詳細な図面もついて飛田の許にあるのは不思議な感じさえする。

それに、某官庁から飛田に宛てた公印付き始末書があったのには驚いた。内容はさらに驚愕、「担当課長を更迭するので…」と、詫びをいれて許しを乞うているのだ。う〜ん。

ここに書くかどうか迷ったものもいくつかあった。

一つは、某河川敷の整備や建設用地の買収に絡み、「地元調整費」の行き先配分表だ。かなりの金額が数十人に渡ったことが分かる。「地元調整費」はもとより不透明な金だが、それはいいとしても金を出す方が官庁で貰う方がもし反社会的勢力なら問題だ。だが、表の欄外のメモをみると某ヤクザ組織への対策と読めるから言い逃れはし難い。

令和の今ならこれは大問題だが、昭和のこの当時、これらは〝必要悪〟の範疇だったのだ。この必要悪を作った片棒は、実は官＝警察であった。これらも後章で書く。

この配分表の行き先に飛田勝造の名はない。だから金を貰う側でなく出す側なのだ。これは某官庁が飛田に相談して作った表なのである。飛田は相談を受けて、「あいつにこれくらい渡しておけ」、「あいつはこれでいい」等と指図したとみて間違いはない。

また、もう一つがこれ。

某会社が某市長に大金を渡したとの書面である。これが贈賄収賄の証拠になるかどうかは筆者には判断できないが、リアルタイムでこの書面が表に出たら、市長の首は一発で飛ぶだろう。既に時効だが、まずいものを見てしまった思いだ。

その他、超有名芸能人や財界人からの手紙。大臣や知事からの私信、右翼団体から来賓としての出席依頼も数通あった。中には暴力団組織が発行して関係箇所に配布する「組員の絶縁状」もあった。大臣から暴力団まで。飛田の実に幅広い交友関係が見えた。

写真類は、多くのネガの他、戦中の6×6のネガも何百枚とある。その中には南京、上海時代のものもあった。南京、上海時代の書類はまだ見当たらないが、写真類から飛田と関東軍上層部との交流、そこには児玉誉士夫らが見え隠れしていてなかなか興味深い。

それに最も興味を引くのは膨大にある飛田の自筆メモ。下書き原稿。ちょっとした書き込みである。中でも昭和二十年八月七日に「陸海軍のそれぞれの軍務局長らと個別に会談。終戦の日程を知った」には心底たまげた。

さてさて、他に何が出てくるのやら。

ところで、飛田勝造とはいったいどんな人物で、どんな地位にいた人なのか。また、どんな仕事をしていたのか。とても説明は難しい。

それらしい呼称を探せば、フィクサー、黒幕、陰の首領、無冠の帝王、右翼の大物…。どれにも遠くはないが的は射ていない。

ところがしっかりとした実例があった。大戦末期のことである。皇室と陸軍参謀本部と飛田。まるで不可解な組み合わせだが、まさに親密な関係。否、親密以上の関係がみえた。この実際にあった一幕を直視すると、往時の権力構造のどの辺りに飛田勝造がいたのか、それをしっかりと教えてくれるのである。

飛田 勝造
昭和史を動かした男なのに誰も知らない。

天皇家のことで書きにくい一面もあるのだが、敢えて隠さず、おもねることもなく、第一話はここから入ることとする。

第一話　皇太子の義父

「飛田君。人払いを」

昭和二十年（1945）四月下旬のことである。陸軍省参謀本部の高官を乗せた黒の軍用車が東京・芝区芝浦二丁目にある飛田勝造の家の前に静かに止まった。その家は飛田組事務所兼飛田の自宅。二百坪を超す大きな建屋である。

黒の軍用車を降りた高官を飛田が出迎える。高官は、「やぁ」といった感じで飛田に向って軽く手を上げるが表情は軽くない。そして同行の将校を伴い、事務所奥の応接室に入った。

応接室の飛田の後には数人の男達が並ぶ。彼らは高官に深々と頭を下げた。

椅子に座った高官はおもむろに口を開いた。

「飛田君。人払いを」

飛田は後の男達に目と顎で合図。男達は会釈して部屋を出た。飛田は高官の後に立っている将校に目をやった。彼はいいのですかい、の目である。

「中尉はいい。事情が分かる担当官だ」

そして高官は少し身を乗り出し、小声だがしっかりとした口調でこう言った。

「実は、飛田君の処で預かってほしい御方がいる」

「どなたを？」

「皇太子殿下だ」

飛田は耳を疑った。言葉に詰まった飛田。しばし沈黙の後、高官の目を見ながら、

「皇太子殿下は日光に疎開をされていらっしゃるのでしょう。学習院のご学友とご一緒に」

「そうだ。そうなっている。但しだね、殿下が東京を離れられていることすら、一切公表されていない。まして宮内省は日光などとは口にしたこともない。だが、なぜか知られている」

「どうしてでしょう」

「殿下は六十名余りのご学友と一個中隊の儀仗兵に守られている。侍従も傅育官《ふいくかん》もいる。その大所帯が沼津から日光へと移動しているのだ。敵に知られていないはずはない。それにご学友連中は父母に手紙を出す。手紙には何を書いているかわからない。いくら口止めしても無駄だろう。そこでだ。宮内省は攪乱《かくらん》のため様々な情報を次々と出しているのだ。ご学友は六十数名。遊び相手ならそんなにいらない。かえって邪魔だ。しかし弾よけは大勢の方がいい。影武者も必要だ。分かるだろう」

「なるほど、万事飲み込めました。皇太子殿下の居場所は常に不明にしておくという攪乱戦術ですな」

「そうだ！ 殿下は今、日光にいらっしゃることになっていなければならぬ。そして今後だが、なかなか戦局は厳しい。万が一を考えておくのも参謀本部の務めだ。本土決戦も今や仮定の話ではない。そうなると敵はお上（天皇）を狙うだろう。戦争だから当然だ。皇太子殿下も標的になっているはずだ。分かってくれ飛田君！ 御国の支えを二つとも失うわけにはいかん。どうしても守らなければならない。これは大日本帝国を守ることなのだ」

高官はもうひと腰、身を乗り出すと、さらに低い声ながら力をこめてこう言った。

「飛田君、万が一の時、殿下を匿ってくれ」

飛田は頷くしかなかった。握った拳を両膝に強く押しつけて、しっかりと頷いた。

それを見て高官は話を続けた。

「ことはすべて隠密裡に行う。このことは殿下のごくごく側近の侍従しか知らないことになろう。もしかすると殿下をお一人だけお連れすることも想定しておいてくれ」


ここで皇太子の疎開について少しだけ書いておく。

昭和十九年（1944）に入ると戦況は急激に悪化。アッツ島守備隊は全滅、サイパン島に米軍が上陸するとB29による本土空襲が開始された。十一月からは連日のように東京市街への空襲が続いた。

当初、主な皇族は疎開をしない方針だった。ことに天皇、皇太子、義宮親王のお三方は東京を離れ疎開することを拒否されていたようだ。それは国民を捨て置いて逃げるようでいけないというご配慮だった。

しかし、そうもいかぬほど事態は悪化する。昭和十九年夏には天皇の内親王である孝宮、順宮、清宮のお三方は女子学習院の集団疎開に合わせて那須塩原に入った。

念のために書いておくが、三人の内親王は女子学習院の学生と行動は共にしていない。那須塩原での日常生活は全く別。学生たちは明賀屋旅館という一般の旅館を宿舎と疎開学園にして過ごしているが、内親王たちは塩原から少し離れた福渡《ふくわた》という所にある御用邸で過ごしている。その御用邸に担当教官が通って来て講義をする。そんな形だ。

これらは天皇・皇后両陛下の侍従を長く務めた入江相政《すけまさ》の記述などでよく分かる。入江は娘・公子を三内親王に同行させていて、この女子学習院の集団疎開に参加させてもいる。公私にわたり天皇家のお世話をしているわけだ。なお、入江と飛田は互いの家を訪れ合うほど親交があったことも書き添えておく。

さて皇太子の疎開だが、風聞、伝聞に近いものは幾つもあるが正確な記録は当然ない。分かっていることは学習院初等科の集団疎開の足跡だけである。

それによると学習院一行は、昭和十九年五月から七月まで静岡県沼津にいた。八月から日光に移り、金谷ホテルが疎開宿舎・疎開学園とある。そこに皇太子が同行していたとしても日常生活は別、住居は近くの田母沢御用邸だろう。なお、皇太子は日光へ行く前は、暫く那須に滞在していたのだが、これは表面には出ていない。

一行の日光滞在は翌二十年七月まで。七月中旬に撤退、奥日光に移り南間ホテルに移った。奥日光には御用邸はないので全員が同じホテルだが、皇太子とお付きの侍従、侍医達は新館。旧館には生徒六十六人と教官、事務職員。さらには警備官の控室もあり、すし詰めの状態だったという。

内親王の疎開生活の記録で分かるように、皇太子は学友達とは一緒に生活していない。授業も平時の学習院でもそうだが一般の生徒とは別。勉強も食事も別室。学友とは数日に一度、休み時間に遊びを共にする程度だった。

また、様々な記事の中で、「(食料事情が悪い中)殿下も握り飯と漬物だった」、「野草を摘んで食料にした」等があったが、ちゃんちゃらおかしい。そんな話は国民に「欲しがりません勝つまでは」を強要するためのプロパガンダに決まっている。

皇太子には料理を担当する大膳職が数人も付いている。国家元首たる天皇や親王の食材が大日本帝国にないわけがない。万事、別格なのである。

その皇太子を「万一の時は匿ってくれ」と陸軍省の高官が飛田に要請したのは昭和二十年四月のこと。皇太子が日光にいた頃になる。

この前月の三月十日には東京の下町の大半が焦土と化し、十万人もが死亡する東京大空襲があった。また、四月に掛けては連日の空襲。東京都心に瓦礫に混じって焼死体が放置されるなど悲惨な状態となっていた。

これら大被害のショックより、実は軍の上層部がもっとも恐怖を感じていたのが皇居や軍の中枢施設が空爆対象から外されていたことである。

東京のど真ん中にあり国家元首の天皇がいることが分かっている皇居は一度も空襲はなく無傷。また、赤坂離宮、青山御所、新宿御苑などの皇室所有地も攻撃されていない。さらに、本来は真っ先に狙われるべき日本軍の中枢である近衛師団司令部、東部軍司令部、陸軍省・参謀本部なども無傷だ。

これらは決して偶然ではなく、米軍は当初から「これらは攻撃対象にしない」としていたとしか考えられない。事実、二十年も五月に入るまでこれら国家の主要建物へは類焼はあっても直接的な空爆はなかった。

これは米軍が日本を占領した後、如何に国を統治するかを視野に入れているからだ。占領軍は日本軍の司令部にそのまま入り、天皇や皇族を掌中にして日本を統治する。その戦略に違いない。政府や軍部もそう判断した。

まさにその通りだろう。だから日本側も終戦交渉にあたり、天皇や皇太子を握っておく方が格段に有利、これが重要なカードになると考えたのだ。陸軍省高官が飛田の許に皇太子を隠しておこうとしたのは、これらのことからである。

一四〇万人の精鋭労士が取り組む地下工場

場面は飛田組の応接室に戻る。

「皇太子殿下のご尊体は何としても死守せねばならぬ。何があっても国体護持だけは譲るわけにはいかんというのが今の内閣の方針だ。頼む」

高官は飛田に向かって頭を下げた。

「閣下！　頭をお上げください。あっしも皇国の臣民です。御国の一大事。命を懸けて殿下をお守りしましょう。ところで閣下、この難題をあっしにご命じなさるのは、松代や、いざとなった時の上海を考えておられるからでしょうな」

「その辺りは全て飛田君に任せる。誰も口出しはせん。誰にも口出しはさせぬ。ともあれ殿下の御身を第一に考えてくれ。どんなことがあっても敵国に捕られたらいかん。それに尽きる！」

飛田が言った松代とは長野県松代に建設中の秘密の大本営のこと。ここは本土決戦に備え、皇居を含む大本営など重要な政府機関を総て松代山中の地下に移転させるというものだ。

本土空襲が激化。主に軍需工場が標的。中島飛行機、三菱重工業など軍用機製造工場は空襲を避けるため工場を地下へ移す国策がとられた。大工場を地下に建設する。それも極秘に行う大工事だ。飛田の扶桑会《ふそうかい》は全国各地でこの工事を請け負っていた。

そこに松代大本営建設の極秘命令が飛田の許に来た。従来の工事も国策工事で極秘裡に行うものだが、今回は皇居や大本営の移築である。これが敵国に漏れると国の存亡に関わる重大事案。最高レベルの国家機密である。

この松代大本営工事は昭和十九年十一月から始まっていた。この工事の最前線にいたのは飛田の率いる扶桑会であった。扶桑会について詳しくは後述するが、全国の土木、港湾労務者を統轄するいわゆる組合で、総勢は一四〇万人を超えていた。そして強く強く特筆すべきは、この一四〇万人の労働者は雇用された人でも、動員された人でもない。〝自らの意思〟で扶桑会の活動・労働に参加した人達なのである。いわば志願兵、志願労働者。飛田は彼らを「労士《ろうし》」、士、つまりサムライと呼んだのである。

――今まで通りではいかん。

松代大本営工事に直面した飛田は全国から扶桑会傘下の労働者の頭領クラス九十八名を大阪の住吉大社に集めた。

そして全員白装束に身を固めさせ、「我々は国家の命運を握る兵士である。命を賭して国策工事にあたる。秘密は命を懸けて厳守する」を約束させ、署名血判させた。何と血判である。

巻紙で飛田勝造から始まる血判状は「血盟」と題された桐の箱に収められ、筆者の手許にある【写真㊦】。血判の日は皇紀二千六百三年（昭和十九年）八月七日と墨書されている。

この血判の翌日より飛田の指示の下、国を背負う覚悟を

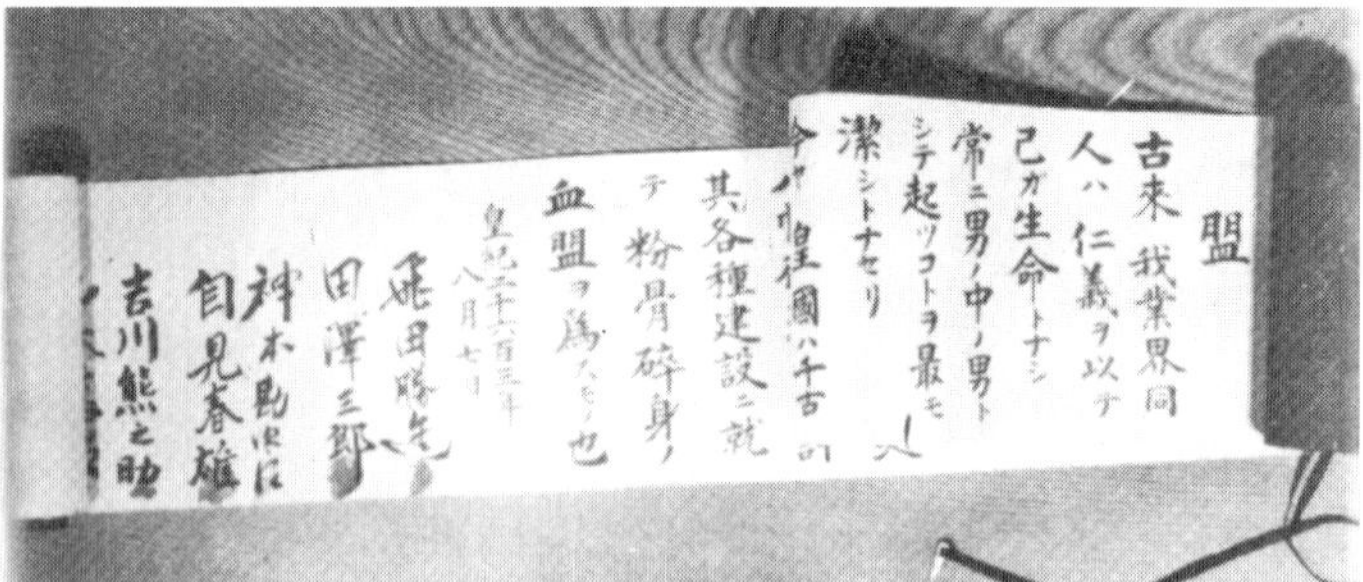

血判状

もって各自の受け持ち現場に向かった。真に労士の気概である。

この中に松代工事担当組もいた。彼らは長野・松代に入り準備、作業環境を整えた。そして同年十一月十一日。松代の山に第一回目の発破の音が鳴り響いたのであった。

また、「いざとなった時の上海」だが、飛田は昭和十四年（1939）に松室孝良《まつむろたかよし》少将（北京特務機関長）の要請で中国に渡り、中国人民会顧問、浙江財閥《せっこうざいばつ》顧問として南京や上海で活動、民衆工作に従事するなど国家戦略の一翼を担っていた。この期間に親密な人間関係を構築した汪兆銘《おうちょうめい》（南京の新国民政府主席、蒋介石の国民党の副総裁）グループとの上海人脈はその後も健在で、上海に「極秘に何かを隠す」ことくらいは容易にできたと思われる。それを指しているのだ。

大阪・住吉大社で行われた決起・血判風景

　このように飛田は国家機密に深く関わる位置にいた。さらに飛田は奉任官待遇であった。奉任官とは国家公務員の公的身分で、文官ならば高等文官試験に合格した高等官、武官なら大佐以下で少尉以上に相当する身分だ。さらに内閣嘱託、翼賛会参与も委嘱されていた。

　平民で一般人の飛田。兵役時も陸軍一等兵。それが今はこの待遇。驚くほどの厚遇である。

　これら一切を勘案すれば、参謀本部が飛田に「皇太子殿下を匿ってほしい」と依頼してきたのは当てずっぽうではない。当然の人選だったとも言える。

　なお、この参謀本部高官の名は長く伏せられていたが、後年、本人自身が大勢の前で事情をはっきりと話して明るみに出た。その人は陸軍省軍務局長兼参謀本部部長の吉積正雄中将である。

　吉積中将の帰ったその夜のことである。

　自宅の奥座敷に妻と長女、次女を呼んだ飛田は吸っていた煙草を火鉢で消すと、おもむろにこう言った。

「皇太子明仁親王をうちでお預かりすることになった。これは御国の機密だ。口外は絶対厳禁。もしものことがあれば命を張ってお守りせねばならぬ」

膝を揃えて聞く二人の娘、長女の喜美子は十五歳、次女の義子は十三歳。彼女たちにこの理解は難しいが、大変なことが始まるのだという危機感はしっかりと伝わっていた。

二人とも口を一文字にして恐れた表情で父を見つめていた。しかし頭の中では「皇太子殿下と一緒にご飯を食べるのだろうか。家の中で何をして遊ぶのだろうか。カルタはできるのかしら？」などと妙な心配をしていた。それもそのはず、この時の殿下は十二歳、次女・義子の一つ年下である。

その傍にいる妻の静は極めて冷静だった。静は今まで飛田の陰となり日向となり数々の修羅場をくぐり抜けてきていた女傑だ。実際、飛田組に殴り込みに来た一団の白刃の前に両手を広げて立ちはだかった彼女、そして喧嘩は見事に治まった。そんなこともあったほどだ。

「殿下はいつからお見えです」

と静が言う。飛田は、

「まだ分からない。連絡をお待ちするしかない」

「あなた、この家もいつ空襲に遭うか分かりませんよ。大切なお方をお預かりするのなら考えておかなければならないことが沢山ありますよね」

うむ…。と飛田は腕を組んだ。

東京湾沿いの芝浦にある飛田の家は今のところ空襲の被害はないが、この時点で東京の市街地の半分は焼け野原である。一家での疎開を再々勧められていたが、飛田は「天皇陛下が疎開されていないのだから、わしたちが疎開するわけにはいかん」と頑なだった。

しかし情況が変わった。もしも皇太子をお預かりすることになるのなら、自分はたとえ死んでも、殿下のお世話をする女房と子供は生きていてもらわなければいけない。そう考え始めたのである。

飛田の芝浦の家は陸軍の施設が近くにあることもあって空襲されるのは時間の問題に思えた。飛田は芝浦の家はそのままに疎開先を準備した。準備したのは二箇所、一つは、当時まだ一面の緑地であった芝公園。一つは、東京郊外の丘陵部の青梅である。無論、疎開先の家に皇太子殿下を受け入れる用意も怠っていなかった。

五月になり六月になった。その間、四月に吉積中将とともに飛田の所に来た中尉が何度か来所、皇太子は奥日光の更に奥へ移動していることや、先般の吉積中将と飛田の打ち合わせ内容は皇太子の侍従には話してある、等の耳打ちはあったが、受け入れの連絡はなかった。

米軍の空襲は日増しに激しくなった。飛田が急ぎ造った芝公園の家は五月二十六日の東京大空襲で焼けてしまった。しかし皮肉にも芝浦の家は焼けることはなかった。

静と二人の娘は青梅に移り住んでいた。青梅には飛田の扶桑会の仲間で繋がりの深い梅田重夫の住まいもあり、静たちの面倒は梅田が親身になってみてくれていた。

梅田と飛田は仕事上、朝鮮人労働者の現地募集などで切っても切れぬ関係にあった。梅田は孫海圭という名の朝鮮籍の人である。彼との繋がりが戦中から終戦直後の飛田にとって大いに役に立ったのである。

また、これらとは別に、飛田の上海人脈は汪兆銘グループを通じ中国・台湾方面の情報を得ていて、これらも適時に流してくれてもいた。

これらの複数のルートにより、日本が極めて不利な戦局や、更には、間もなく来るであろう終戦後の日本の姿を、おぼろげながらも掴むことができていたのである。

上海人脈で付け加えるなら、五月二十六日に焼けた芝公園の家の近くに、終戦後すぐ、笹川良一関係の事務所ができた。つまりこの土地はもともと笹川もしくは上海人脈関連のもので、「飛田さんが疎開するなら、どうぞここを使ってよ」ということだったのだろうとみている。ちなみに笹川は戦後から長く関東鳶職連合会の総裁を務めているが、飛田はその最高顧問を長く務めている。そんな間柄だ。

昭和二十年（1945）八月九日。まさに終戦直前のことである。陸軍省の竹下中佐が芝浦の飛田の事務所にあたふたとやって来た。

中佐はかなり慌てた様子で言う。

「飛田さん、皇太子殿下を養子に迎えてくれないか」

さらに竹下は、

「間もなく連合軍が本土に上陸してくるだろう。本土決戦だ。天皇陛下も軍の先頭に立たれる御覚悟であられる。畏れ多いことだが、万が一のこともある。その際、皇太子を失っては皇国の護持ができない。そこでだ、皇太子殿下を貴公の養子ということにして暫し匿っておいてほしいのだ」

竹下の論旨はこの四月に吉積中将が言ったことと同様だ。四月のこともおそらく知っているのだろう。しかし飛田は竹下の言葉には端っから聞く耳を持たぬ様子だ。

「中佐、それは出来ない相談です。今のわしには無理ですよ」

と、飛田ははっきりと断りをいれながら、

「それに、わしの耳に入っている情報によると、連合軍は無血上陸を望んでいて、それも天皇陛下に害を加えるようなことはしない方針だと伝え聞いています。陸軍省も少佐もそれをご存じじゃないのですか」

飛田がこの要請をきっぱりと断ったのは、既に日本がポツダム宣言を受け入れ、国として終戦に向かっていたことを知っていたからでもある。それも二箇所からの真に信頼できる情報からであった。

その一箇所は陸海軍の軍令部から直接の情報である。これは昭和二十年八月七日のこと。詳しくは後述する。

もう一箇所は上海人脈からである。

飛田の所には戦中から終戦直後、上海情報、即ち連合国側の情報が刻々と入っていた。それには裏事情があった。

この頃、上海某所に現在に換算すれば数千億円にもなろうかという莫大な金品が隠し持たれていた。これは満州、支那、上海等で国策として集めた金品で戦争遂行のための軍資金である。この金の作り方や集め方は現代感覚では大問題だが、当時は合法的な方法に依るものだった。そして終戦に直面した時、その金品の処理に関して生臭い話が飛び交っていた。つまり、敗戦容認派と徹底抗戦派に分かれた軍部。その両派ともこの莫大な軍資金を狙って鍔迫り合いをしていたのだ。

戦後、M資金とも言われたこの莫大な金品の調達に、飛田自身が直接関わっていたかどうかは不明だが、飛田の配下にいた児玉誉士夫《よしお》＝児玉機関がこれに深く関わっていたことは知られたこと。その金品である。あえて金品というのは、ドルなどの現金もあったが、殆どは金塊やダイヤモンド、プラチナなどだったという。

終戦直前、上海からその埋蔵金狙いの鍔迫り合いの様子が飛田にも耳打ちされ、その一端から現在の軍部のごたごたもかなり正確に耳に入っていたのである。

このややこしいM資金のことは別章で詳しく書く。

さて、敗戦容認派と徹底抗戦派の両派の争いが表面化したのが八月八日過ぎである。広島被爆の翌日、軍上層部と内閣が終戦の方向にはっきりと傾いた。その動きが終戦阻止派に知られたということなのである。

ポツダム宣言受諾を阻止しようとする一部の陸軍将校と近衛師団の参謀が徹底抗戦を旗印にクーデターを企てていたのである。そのクーデターの先頭に皇太子を立てて、錦の御旗にして戦おうという作戦だ。

この時、皇太子は奥日光にいた。皇太子を護衛しているのは一個中隊の儀仗兵。中隊は近衛師団の配下、一二〇名である。いわば叛乱軍側。皇太子を警護しているのだから奪うのは苦もない。

クーデター派は奪った皇太子を飛田に匿わせることにより飛田自身をも自陣に取り込もうとしていた。そうすれば、上海の莫大な隠匿金品獲得にも飛田なら影響力があるはず。そんな魂胆もあったと考えられるのだ。

もとよりその全貌が読めている飛田は話の緒にもつかない。

また、別ルートで奥日光に疎開中の皇太子の侍従から飛田の許に伝言が届いていたことも書いておこう。

それはこんな伝言だった。

――宮城《きゅうじょう》に不穏な動きありとの知らせを受けた。東宮殿下（皇太子）を拉致せんとする輩ありとの情報もあり。万一の時、殿下と風貌、背丈の似た学習院生を影武者に仕立て、そを拉致させる。お傍の者も影武者と運命を共にする。その間に殿下は日光山中の樵夫《きこり》が荷を背負うような形で男に背負わせて、今市あたりまでお連れする。できれば今市あたりに貴殿（飛田）の配下を内密に配置願えないか。云々――

というものであった。

戦争末期、日本は皇室の分断さえ恐れぬほど大混乱の中にあったのだ。水戸学の尊皇攘夷思想に心酔する飛田に皇室を分裂させるような行動がとれるはずはない。

「中佐！　お話はここまでにしましょう」

飛田はきっぱりと言い切った。

竹下は帰っていった。

このクーデターは実際に起きたのである。

昭和二十年八月十三日。宮城内では分裂した日本軍同士の銃撃戦が勃発。近衛師団は皇居を占拠、皇宮警察の武装を解除させるまでに至った。そして終戦の詔勅である玉音放送の録音レコードを奪おうとした。終戦宣言放送を止めようとしたのだ。

しかし録音盤の奪取には失敗。阿南惟幾《あなみこれちか》陸軍大臣らが切腹してまで叛乱を説得したこともあり、事態は治まった。

「宮城事件」と後に言われるクーデター未遂事件だが、終戦直前の微妙な時期、このことが連合軍の耳に入れば面倒なことになるのは必至だ。内戦鎮圧を理由に問答無用の大攻勢に出るかも知れない。そんな配慮からこの事件は完全に秘匿された。事件は天皇の住居である宮城で起きていながら天皇は知らなかったことにされていたのもその理由からだ。

しかし、天皇はリアルタイムでこの事件を知っている。僅か数百米先の銃撃戦の音が聞こえぬはずはない、天皇は自らの兵である近衛師団の分裂を心から悲しんだという。

クーデター派がもし皇太子を奪い、飛田の元に一時隠し、紛争の際、叛乱軍の先頭に皇太子をたてまつる。そんな計画が実行されていたら、どうみても終戦は遠退き、日本の被害は更に拡大したことは間違いない。

飛田が竹下の要望通りに行動していたら徹底抗戦の片棒を担ぐことになったわけだ。しかし、史実として飛田は終戦の片棒を担いだのであった。

敗戦。青梅の丘に移住

昭和二十年（1945）八月十五日終戦。敗戦である。連合軍が日本を占領。進駐を始めた。上級軍人、戦争関係閣僚などは戦争犯罪人として次々と逮捕された。さらに軍人、元軍人の多くは公職追放処分に。また、軍人ばかりでなく戦争に加担、協力したとされる民間人も公職追放となった。その第一号のリストの中に飛田勝造の名もあった。

飛田は、飛田組、扶桑会をはじめ自らが主宰する全ての企業、団体を解散。また、委嘱されていた団体役員なども全て辞任した。

「御国のために働いて、今度は御国のために罪を負って追放される。ありがたいことよ」と飛田は負け惜しみを口にする。そして東京郊外、青梅町根ケ布字東山《ひがしやま》に移住した。そこは深い緑に覆われた丘陵地である。ここで飛田は勝造の名を捨てて字名の東山にちなみ、「東山《とうざん》」と名乗り、晴耕雨読の日々を送ると宣言した。

どこまでも続く深い緑の野原、森林、その先に見える多摩の山々。飛田は手をかざし目を細くしてそれらを見つめていた。彼がつい昨日まで見ていたのは米国に徹底的に痛めつけられた焼け野原の東京である。しかし今、その目に映る広大な多摩の自然は眩しいまでに光り輝いていた。

「国破れて山河あり、とはよく言ったものだ。日本の市街地は守り切れなかったが、せめて山河は守ろう。この自然だけは米英に渡すものか！」


飛田は戦地での戦闘行為はないものの国家機密の地下工場の建設、中国では命懸けの民衆工作に従事するなど戦争には深く関わっている。彼の昭和十三年以降の生き様は全て皇国日本のためであったとさえいえる。だから、「まだ負けていないぞ」の気持ちは捨てきれずにあった。それは「まだおれには、やることがある」と同意語である。多摩の眩しい緑を見ながら飛田の持ち前の負けん気がふつふつと頭を持ち上げて来たのであった。

さっきまで自らの名前すら捨て、晴耕雨読を口にしていたはずなのに、あっという間の変心。と言うより、これが飛田勝造なのだ。

それは飛田の視線の先、奥多摩の山中に小河内ダムがあることも大きい。飛田が戦後の居住地を青梅にしたのも小河内に「やり残したこと」があったからなのである。「やり残したこと」は小河内ダム建設と「日本精神修養導場」であるが、これは後の章で書く。

様々な思いを胸に、飛田は青梅の丘から緑の美しい奥多摩の山を眺めていた。その飛田の胸には次の言葉が去来した。

大地を耕し　己を耕し　文化を耕す
祖国を愛し　郷土を愛し　近隣を愛す

三つを耕す「三耕の義」。三つを愛す「三愛の義」。これは以降、飛田の座右の銘となるものである。そしてまさに有言実行の飛田は己に嘘をつくことなく、この三つの義と共に生きていくのである。

東山農園開園

昭和二十年初秋、青梅町に移住した飛田。その冬、その丘陵部に一万数千坪の土地を手に入れた。近隣の天寧寺《てんねいじ》からの借地であったが、ここに東山《とうざん》農園と名乗る農耕地を開いたのであった。その住居は東山《とうざん》耕舎と名付けた。

飛田は高らかに宣言した。

「この地から日本を立て直す！　ここで土を耕し、己を耕し、人を耕し、文化を耕すのだ！」

公職追放され、全ての地位を返上した飛田だが、残念極まりないことがあった。それは扶桑会などを創り、ようやくの思いで組織した自由労働者、つまり立場の弱い土工たちが飛田の庇護を離れることで再び強欲な雇用主の下で過酷な労働環境に放り込まれるのではないか。タコ部屋に逆戻りするのではないか。彼らをこのまま放り出すわけにはいかん。そんな思いだ。

また終戦直後、親も家も失った戦争孤児たちがホームレス（当時、浮浪児《ふろうじ》と呼ばれた）となり、良い子だった子も、やがて不良少年となっていくのを目の当たりにしていたこともあり、彼ら若者の前途も心配だった。

――このままでは弱い者がますます弱くなる。弱い者を一人にして置いてはいかん。

そこで飛田はこの多摩の地で彼ら弱い者の居場所を作る画策を始めたのである。

「多摩の広大な土地を耕し、食糧不足の日本を救うのだ。その為には人手がいる。だから産業を興し、ここで雇用を生めばいい。しかし、利益優先で自分勝手な大企業など入れる

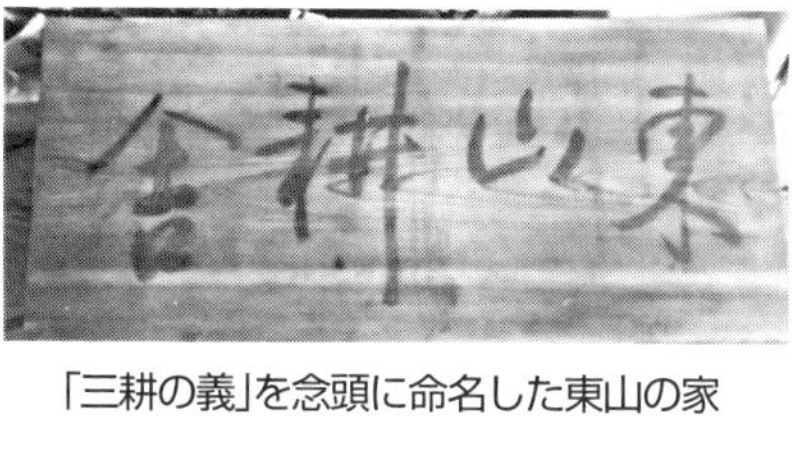

「三耕の義」を念頭に命名した東山の家

とろくなことはない。産業は多摩の自然を活かした観光産業だ。自然を壊さず観光地を整備する。観光地まで通う道路を造る。そうすれば労働者の雇用も生まれる。よし！」

底辺労働者を救うために大きな工事をする。工事は自分の目の届くところとして、他からの不当な差配を防ぐ。飛田のいつものやり方である。

思いついたらすぐ実行。気の早さは天下一品。飛田はすぐに動き出した。


この時、青梅には画家の川合玉堂、作家の吉川英治、彫刻家の朝倉文夫が疎開をして住んでいた。飛田はすぐに彼らを訪問、多摩の自然の素晴らしさを説き、自らのビジョンも隠さず語った。彼ら一流芸術家と飛田の意気投合は面白いほどスムーズだった。互いに社会常識にとらわれず高邁な夢を糧に生きる人種。忽ち肝胆相照《かんたんあいて》らす関係となったのである。

実は飛田は芸術家に対する憧れが相当に強い。九歳で丁稚奉公に出された彼は学校とはほぼ無縁。独学で多少の学力はつけたが一流とはほど遠い。しかし飛田は「書をしたため、詩歌を詠む暮らし」に憧れを持っていた。実際、それなりの努力もしていた。

飛田は一流好みである。それはあらゆる分野に対していえることなのだが、ことに芸術の分野に関してそれは顕著である。だから一流芸術家に対しては素直に尊敬も出来、真摯になれるのだ。加えて飛田が憧れる芸術の世界は、彼がこれまで生きてきた「金と力がすべて！」と豪語し、斬った張ったに終始する世界とはまるで違う清楚な世界と感じていたからでもある。

さらに飛田は地元青梅の名家で衆議院議員の津雲国利《つくもくにとし》に接触した。津雲は公職追放で議員の職は追われていたが郷里・多摩への愛は強く、「飛田さんだけに汗はかかせない。私も仲間に入れてくれ」と積極的に参加してきた。

飛田に加え、川合、吉川、朝倉、津雲。彼らが一丸となって多摩観光・開発事業に取り組む体制ができたのである。

飛田はこのメンバーを核に昭和二十一年（1946）七月、大多摩観光協会を創立。ことに吉川英治は多摩開発、自然保護に熱心で飛田と二人三脚のように多摩全域を歩き回っている。疎開からたった一年であるが、すでに奥多摩開発事業は動き始めていたのである。

「戦後の復興は多摩からだ！」

そんな大義名分を掲げた飛田。彼は地元の多摩を歩き回っているばかりではない。日本を動かしている中心人物、中心機関に的確に働き掛けたのだ。それはこれまで培ってきた飛田の人脈もあるが、それより飛田は権力の動きを嗅ぎ分ける飛び抜けた嗅覚を持っているのだ。

「食糧増産」、「自然保護」、「観光資源の開発」、「観光のための道路整備」、「底辺労働者の雇用」、「戦災孤児の保護」。

どれもこれも文句のつけようのない大義である。日本政府は勿論、当時の日本の最高権力者GHQ（連合国軍最高司令官総司令部）も頷かざるを得ない。そして飛田は戦前から日本の中枢にいた政治家、軍人と深い交流があったことは前の章で書いた通り。さらにはGHQと太いパイプがあった。このパイプは別途明らかにするが、これらの人脈を駆使すれば、多摩の自然保護や国立公園への指定、また道路工事の誘致などは、お茶の子さいさいである。

荒れ地を開墾して農園を造る。それに従事する若者達

「多摩の自然の素晴らしさを全国に知らしめよ！」

まるで飛田の絶叫が届いたかのように戦争で中断されていた愛林日記念植樹（全国植樹祭の前身）が再開され、その再開の地が多摩に決まったのである。

昭和二十二年四月、皇太子（現上皇）が多摩に行啓。記念植樹式に臨席された。

皇太子の到着。それを迎える列の先頭近くに飛田はモーニング姿で立った。

皇太子は飛田の顔を知らない。しかし傍らの東宮侍従たちは、「皇太子の義父の件」はよく知っている。それは侍従の間では何度も何度も討議された重要案件だったからだ。なにしろ皇太子が樵夫《きこり》の背中に荷物のように担がれて奥日光の山間を逃げて初対面の人の家に行き、仮にもその家の家族のようにして時を過ごすという超難題だ。行き当たりばったりというわけにはいかない。

皇太子ご自身も、その隠密行動のこと、仮の義父のことは聞かされていたはずだ。また、生死に関わるある種の覚悟を侍従から言い聞かされていて当然であろう。

この時の東宮大夫で東宮侍従長は穂積重遠《しげとお》である。穂積は終戦を日光に疎開していた皇太子と共に迎えている。そして日本を占領した連合軍の出方、つまり皇太子に危険がないかを見極めるために日光に三ケ月も滞在して動かなかった。その後、危険がないと判断すると、皇太子に伴って帰京している。つまり終戦の直前直後はずっと皇太子の側にいて運命を共にしていたのだ。

この流れをみても穂積は皇太子秘匿作戦、皇太子の義父作戦のもう一人の当事者だったとみて間違いはない。


そして後年、穂積は飛田に素晴らしいプレゼントをした。それは渋沢敬三の紹介である。渋沢はご存じ渋沢栄一の孫で日本を代表する財界人。日銀総裁や大蔵大臣を務めた人物である。穂積の母は渋沢栄一の長女。だから穂積と敬三は従兄弟となる。

穂積と飛田はすでに親しい関係にあったとしても渋沢敬三のような超大物を意味もなく飛田に紹介するはずはない。だが、飛田の人間的魅力を充分に分かっていた穂積は、渋沢が飛田をどうみるかに興味を持ったのだ。

穂積は渋沢に、「面白い男がいるよ。会ってみないか

穂積 重遠
「皇太子の義父作戦」のあるいは立案者だった？

渋沢 敬三
財界に影響力のあるこの人が戦後の飛田を支えた。

い」と打診した。承知した渋沢。穂積は飛田に、「一度お目にかかってご高説を伺いたい」との手紙を渋沢宛に出させたのだ。

そして面談した渋沢と飛田はすぐに昵懇《じっこん》となり互いの家を行き来するまでになった。渋沢は後に飛田のことを、「私の心の中には得難い友人として、しっかりと根を下ろしている」と書いている仲になったのである。

さて愛林日記念植樹の当日。飛田は感無量の思いで皇太子に最敬礼。皇太子の目はしっかりと飛田を見ていたが、その心はいかばかりであったろう。

戦後初の植樹祭である。皇太子殿下の出席。全国紙も競って報道。多摩の認知度が一気に上がったのは言うまでもない。飛田が動き出してから僅か十ケ月後のことである。

昭和二十二年十一月三日、東山農園の開園式が行われた。農園は「東山耕舎」と銘打つ飛田の家を中心にしてすでに形が出来上がっていたが、飛田はあえて「開園式」を挙行して、農園の意義を広く知らしめようとした。

「来賓者芳名簿」があった。記名している人は二百名ほど（誰々他、何々会一同、などの代表名記載があるので実数はこれよりかなり多い）。その約半数は地元の青梅、多摩地方の町長や団体関係者だが、他の半数が印象的だ。国会議員、都議会議員は分かるにして、はっきりと目立つのは農林省、逓信省、運輸省など国の役人が相当数いることだ。各省局長、課長の肩書も多い。東京都の局長級の名も複数ある。読売新聞、毎日新聞など全国紙の記者も七、八名は来ている。

「来賓芳名簿」には祝儀や贈答品の記録もあった。祝儀の金額をみると、百円、二百円が半数。五十円も多い。昭和二十二年頃は統制経済の時代で貨幣価値の現代換算は困難だが強引に比較すれば五十倍から百倍と思っていいだろう。だから当時の百円は現代の五千円から一万円程度の感覚だろうか。祝儀は五百円や壱千円も多くあるが、その贈り主は企業や団体だから納得できる。びっくりしたのは「金貳万円」。贈り主は梅田重夫。前記した飛田と昵懇の男である。それにしても二万円は現代感覚で二百万円ともなる金額だ。とても祝儀で包む金額ではない。でも持って来ている。

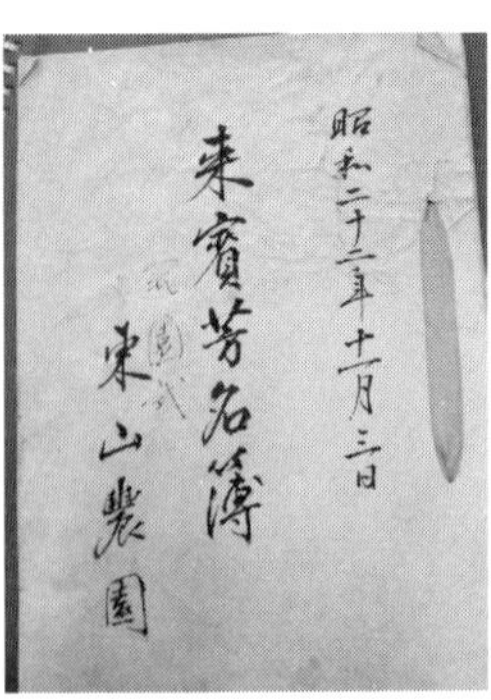

開園式の来賓名簿
飛田の交友名簿とみて貴重

祝儀の総額は三六六五〇円。その他、清酒、ウイスキーも多い。吉川英治は「大皿壱個」。川合玉堂は「絵二枚横物　富士の絵・野菊に月」を贈っている。吉積正雄はウイスキーだった。

この開園式に参加した面々が以降、多摩観光、奥多摩開発にそれぞれの分野で協力をしてくれるのである。

終戦から二年余、「公職追放され、全ての役職から退き、青梅の山に隠遁《いんとん》した」はずの飛田の所にこのように大勢が押しかけている。ここは都心から車でも電車でも二時間はゆうに掛かろうかという山間の地だ。そこに国や都の幹部が続々と押し寄せている感じだ。

これはどう理解すべきなのだろうか。

開会の挨拶に立った飛田はいきなり大声で謡うようにこう言った。

「国破れて山河あり。天地騒然として人心鬼畜に似たり。嗚呼憂いなん、祖国百年の計。何時の日か還らん、日本魂！」

そしてさらに声を張って、

「諸氏ご一同！　現在の我が国の現況を如何にみて居られるか！　まさに史上最大の国難にあります。ここは日本人が一丸となり、正気《せいき》をもって国難に立ち向かおうではありませんかか。そこで、この時こそ藤田東湖先生の言葉を喚起したいのであります」

さらに一声大きく、

「世汚隆《よおりゅう》なくんば、正気時《せいきとき》に光を放つ。僭越ながらこの言葉の意味するところを申し上げれば、国家の大事といえども深慮するに足らず。深慮すべきは、人心の正気の足らざるにあり！　ということであります。この言葉は東湖先生が幕末の国難に立った吉田松陰師に送ったものです。黒船に対峙する国難。それは今、我々が占領軍と対峙する国難でもあります。正気時に光を放つ！　この心意気を持とうではありませんか！」

飛田は国難に立ち向かう姿勢を蕩々と説く。

会場の二百余名は食い入るように壇上の飛田を見ている。時に大きく頷く。僅か十分足らずの演説であった。が、それが終わった時、多摩の山々にこだまするばかりの拍手が起きたのであった。

『全国植樹祭』の第一回が青梅。飛田に恩賜の桜が

東山農園開園式からちょうど半年後のことである。

昭和二十三年（1948）四月四日、天皇皇后両陛下が青梅町に行幸啓。戦争で荒廃した国土の復興を祈願、国土に緑を増やそうと両陛下自らが樹木を「お手植え」された。「植林行事」は明治時代からあったが、両陛下が臨席されるのは史上初めて。まして「お手植え」など例がない。その史上初の両陛下の「お手植え」の場所に青梅が選ばれたのである。

この植林事業は翌々年の昭和二十五年から「全国植樹祭」の名称となり、令和元年まで一度も休むことなく続いているお馴染みの国家行事である。その第一回が東山農園のある青梅。飛田が奥多摩開発を進めている地域そのものである。

同日午前、両陛下は青梅町永山公園に到着された。飛田は正装し、現地関係者の列の先頭近くに起立して両陛下をお迎えした。両陛下は檜《ひのき》をお手植えされた。飛田は震える思いでそれを見つめていた。

陛下が永山公園にお手植えされたのは檜だが、後日、宮内庁から飛田の許に二本の吉野桜が届けられた。「この度の植林行事については飛田勝造の労多し」として下賜された桜であった。飛田はこの二本の吉野桜を東山農園に「恩賜の桜」として植えた。そして来客がある度にここに案内して、「この恩賜の桜はわが農園の王樹だ」と言い、満面の笑みを湛えるのが常であった。

両陛下による「青梅の植樹祭」「史上初のお手植え」の効果は大きかった。これにより飛田の奥多摩開発事業は天下のお墨付きを得たように認められ、八方有利に展開することができた。

戦後初めての国土復興緑化事業で皇太子の最初の行啓地に選ばれたのは多摩である。そして全国植樹祭の第一回の地に選ばれたのは青梅。そこで両陛下が史上初のお手植えをしたのである。

まさに出来すぎたことが連続して起こった――。

しかし、これを読む大半の方はこれを偶然とはみないだろう。これが偶然だとしてもそれは飛田が懸命に根回しをして創りあげた偶然であろう。また、この偶然は「皇太子匿い計画」の返礼だったとみても、そう見当違いではないはずだ。

ここでは過分の勘ぐりは無用にしておこう。

ともあれ、国が決めた全国緑化活動の第一歩の地は飛田の活動に沿うように青梅が選ばれたことは動かしようのない事実なのである。

第二話　飛田勝造という男・青春編

飛田勝造という男は、国の元首となる皇太子を預けるに値するほどの人物なのか。それを当時の国の中枢ともいえる陸軍参謀本部長が直接頼みに来るほどの人物なのか。疑問に思う向きも多いだろう。そう言う筆者も大いに疑った一人だ。

しかし、飛田家のご息女が、「皇太子殿下がおうちに来ると父に言われ、心構えを懇々と諭された」とはっきりと証言しているのに加え、実際の当事者である吉積正雄元陸軍中将の言質があったことも知った。

その言質は昭和四十年（1965）三月、飛田が自らの還暦に合わせて告別式を行った時の

飛田の生前葬。千人の参列者に「皇太子養子秘話」が披露された。㊧中曽根康弘、㊨飛田。

ことである。生前葬ではあるが本格的な葬儀を行い、参列者は一千人もあった。

さらに墓も建てられた。墓石はスウェーデンから取り寄せたという御影石で高さ二メートルをゆうに超す大きなもの。墓碑は飛田の自筆で、「東山　飛田勝造眠」（写真㊦）とだけ大書してあるいかにも飛田らしい墓石だ。その告別式で弔辞という設定で挨拶に立ったのが吉積であった。

「これは本来、墓場まで持ってゆくべき話なのだが、本日は飛田勝造氏の葬式。ならばここを墓場と思い、お話をしよう」と前置きして、「飛田と軍部の密接な関わり」、そして「皇太子を匿ってほしいと頼んだ」ことを秘話として述べている。

この二つのことから「皇太子事案」の有無については疑う余地はない。

飛田勝造墓碑の正面。右は碑の裏面を見る岸信介。
ある若者に岸信介って誰？ と訊かれて驚いた。安倍晋三総理の祖父だ。

では、飛田は生まれながらにして皇室など特権階級と交際できる支配階層の人間だったのか。全く違う。ただの貧しき平民であった。さらには日雇いの沖仲仕であった。それが僅かな期間で政財界の大物や陸海軍の将官らと日常的に交流する立場になっていたのだ。それを知るために、ここで飛田の幼少時代から独立までをざっと述べておいた方がいいだろう。

なお、飛田の三十代の前半にあたる昭和十二年（1937）頃まで、つまり貧しき丁稚が辛苦を重ねて飛田組を創業し活躍するまでのことは、『侠骨一代』（富沢有為男）、『無法者一代』（牧野吉晴）、『生きていた町奴』（飛田東山）でしっかり書かれているのでそれをダイジェストする。

青年・飛田勝造物語

丁稚奉公

飛田勝造は明治三十七年（1904）八月二十四日、茨城県東茨城郡磯浜町（現大洗町）の生

まれ。父の国五郎は水戸藩の浪士で剣術は鹿島神道流、柔術は不遷《ふせん》流の達人で、その素養を見込まれ地元の網元の家に養子として迎えられた。しかし、家業はそっちのけで武術の稽古ばかり。さらには、ぶらりと武者修行に出掛けたり、朝からの一升酒。家計がもつわけがない。勝造が生まれた頃の飛田家は貧乏のどん底だった。

そんなことから勝造九歳の時、前渡金十五円で丁稚奉公に出された。行き先は東京神田の綿店。一年の給料が一円五十銭、つまり十年働いて前渡金を返済するという身売り同然の就職だった。

与えられた仕事は、重い大八車を引いて神田から早稲田までの五キロの道のりを毎朝往復するという九歳の子どもには過酷なもの。見かねた親戚が神田三崎町の松本材木店に頼み込み、引き取ってもらった。以来、二十一歳まで松本材木店で奉公した。

勝造は独立した後も材木店の主人、松本長五郎の恩義を感じ、「私の基礎教育はこの人に受けた」と再々述べている。

仕事には熱心な勝造だったが、持ち前の負けん気と喧嘩っ早さで近所では有名な暴れん坊だった。喧嘩で知り合った日大の柔道部の主将と意気投合、学生でもないのに柔道部に出入りしたのもこの頃。カフェ、玉突など当時の不良学生の遊びもひと通りここで覚えた。喧嘩、遊び、それは貧しくて様々な我慢を強いられた幼年時代の鬱憤を晴らすようだった。

徴兵

二十一歳で徴兵。入隊する勝造に材木店の主人は「二度とこの店の敷居はまたがないでくれ」と言ったほどだから、主人も手に負えぬ男だったのだ。

所沢気球隊に入隊。二等兵である。厳しい訓練や労役に根をあげる新兵がほとんどだが、九歳から重労働に耐えてきた勝造にとって、この程度は屁のかっぱ。それどころか、「三度の飯が決まった時間に出る。それに一日十五銭の日当も出る。月にすれば四円五十銭。週に一日、休みもある。こんな生活は嬉しいほどだ。貧乏人には天国だ」というほど。だから勝造は積極的に働き、たちまち模範兵となった。もっともこれが逆に禍いする。つまり同僚の兵からは「飛田だけが働き過ぎて他の兵がさぼっているようにみられる」。古参兵からは「お前は目立ち過ぎだ」と苛められる。当然、飛田は黙っていない。そんなトラブルも多発させていた。

また、飛田の今後の人生に大いに役立ったのは軍隊の厳しい統制生活だった。夜は軍務もなければ外出もできない。宿舎にいるしかない。そこで彼は本を読むことを覚えた。と言っても尋常小学校を二年半ばで中退の勝造。文字はろくに読めない。漢字はルビが頼り。その語意は全くの自己流の解釈。しかし向学心は極めて旺盛だから知識の吸収も早い。また、もともと勤勉な性格の彼だから日曜日も外出はせず読書に没頭した。

「軍隊は俺の中学校だった」と後に飛田が言っている。

兵隊になっても彼の強い正義感と喧嘩っ早さは変わらない。

新兵を苛める古参兵に猛抗議。勢い余って殴ってしまう。むやみに威張る上官に食って掛かり、恐れをなして逃げる上官を追い回して中隊中が大騒ぎ。当然、飛田は営倉行き。

そんな飛田だが全軍布告の殊勲甲で感謝状を貰ったこともある。

上空五十メートルに浮かぶ軽気球が突風にあおられ激しく揺れてガス漏れ。爆発寸前。このままでは大惨事だ。

その時、軽気球を繋ぐロープを伝い、吊り籠に飛び乗った男がいた。飛田だ。爆発を防ぐにはガス漏れを止める安全弁を引くしかない。吊り籠の飛田は懸命に安全弁を引っ張るが一人の力では無理。ならばと安全弁の紐を身体にくくり付け、ロープを握ると、エイッとばかりに飛び降りた。地上まで五十メートル。飛田の身体が地面に叩きつけられると同時に凄まじい爆音！　灰色の気球の巨体が真っ二つ。

幸い飛田の抜いた安全弁がガス漏れを半分ほどに抑えたようで被害は半減。大惨事は未然に防がれた。

飛田は意識不明。誰の目にも死んだようにみえたが、四、五日の間、あの世をさまよった末、のこのこと娑婆に舞い戻って来たのであった。そして飛田はこの勲功により表彰され伍長勤務上等兵に選抜されたのである。

しかしその後も飛田は少しも変わらない。

空腹のあまり西瓜を泥棒して営倉に入れられた新兵に同情、内緒で食い物を差入れして譴責される。不条理を言う上官には反抗、抗議、挙

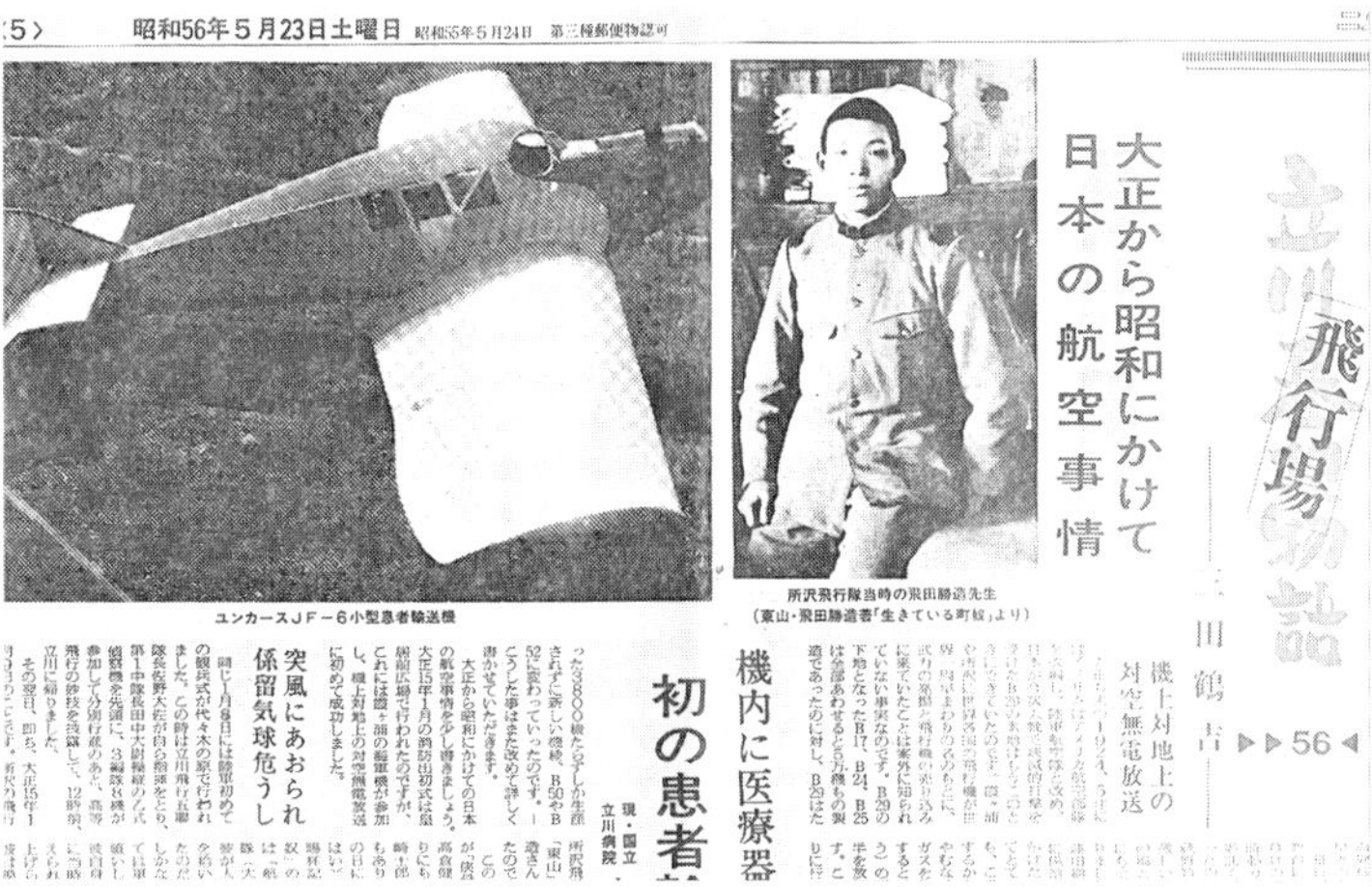
〈5〉　昭和56年5月23日土曜日　昭和55年5月24日　第三種郵便物認可

立川飛行場物語　▶▶56◀

大正から昭和にかけて日本の航空事情

ユンカースＪＦ－６小型患者輸送機

所沢飛行隊当時の飛田勝造先生
（東山・飛田勝造著「生きている町奴」より）

機上対地上の対空無電放送

機内に医療器

初の患者

突風にあおられ係留気球危うし

軽気球爆発の大惨事を防いだ行為は戦後26年経っても語り草になっている。それほど希有な出来事だった。　＝昭和56年5月23日毎日新聞

げ句の果ては拳を振り上げてしまう。そんなことが重なり、せっかく中隊に三人ほどしかいない伍長勤務上等兵の階級章も剥ぎ取られ、一等兵に降格されてしまった。

生涯軍隊に居てもいいとさえ思っていた飛田だったが、二年をして除隊した。大正十四年十二月のことであった。

乞食の仲間に。そして自殺未遂も

除隊した飛田が真っ先に訪ねたのは松本材木店。しかし店は長引く不況のために倒産していた。主人は高島屋の守衛になっていて、坊ちゃんは丁稚に出されていた。

大洗町の飛田の実家も彼の入隊中に父も母も亡くなっていて兄弟も消息不明。飛田が帰る家は何処にもなかった。

それから三ケ月、職を求めてあちこち訪ねるが折からの不況。勤め先などない。日雇い仕事にも出て人足もしたが毎日仕事があるわけではない。手持ちの金も尽きて泊まっていた本所の安宿も出るしかなくなった。

穴だらけのズボン、ボロボロのシャツ。ポケットには一銭銅貨が二枚しかない飛田。うろうろ歩き回った飛田は浅草へ。雷門をくぐり浅草寺の境内にいた。

大銀杏の下で背の丸い老婆が鳩の餌を売っている。

飛田は老婆の前に行くと、ぬぅ～と腕を差し出した。開いた手の平に銅貨が二枚のっていた。老婆は飛田を見上げる。

「おまえさん、これは鳩にやる豆だよ」

飛田の汚れた姿を見て、鳩の餌を食べて腹の足しにする男に見えたのだ。当然である。

「分かってるよ」と、飛田はぶっきらぼうにそう言うと、二皿の鳩の餌を受け取った。それと同時に、夥しい鳩の群れが大きな羽音を立てて飛田の廻りに舞い降りてきた。怖いほどだ！　思わず飛田は二皿の鳩の豆を投げ捨てるように撒いた。

争うように豆に群がる鳩、鳩、鳩。

その様子を放心するように眺めていた飛田だったが、暫くすると倒れるように座り込んでしまった。丸二日もなにも食べていない。何をする気力もない。ボーッと座り込んだ場所は浅草寺の観音堂の傍ら。

――ここでこのまま死ぬんだ……、と思った飛田。気はついているのだが、身体はまったく動けなくなっていた。

その有り様を見ていたのは観音堂の軒下を塒《ねぐら》とする乞食達だった。軒下にはボロ布を身体に巻き付けた恰好に真っ黒な煤《すす》を塗ったような顔の男達が十人近く。

一人が飛田に声を掛けた。

「おい、若いの、こっちへ来いよ。そのままじゃ本当に死んじまうぜ」

たじろぐ飛田を乞食達は手を引いて軒下へ運び込んだ。そして食べ物を与え、寝場所を与えたのであった。拾ってきた残飯、藁の寝床。とても並の人間では耐えられない暮らしだが、乞食達の間には何ともいえぬ連帯感と愛情があり笑顔があった。また会話には世を達観したような響きがあった。


飛田がここで乞食の群れと過ごしたのは、ほんの七日か八日なのだが、この七、八日が彼の人生観に大きな影響を及ぼしたのだ。東京のまさに最下層、あえて言うが最下層以下の人たち。そんな人たちと実際に暮らしてみて、彼らは自らが好んで最下層にいるわけではなく、また、物乞いをしてしか生きられない人間ではないことを知ったのである。

彼らの多くは、東北地方から出稼ぎで上京していたが病気、怪我、勤務先の倒産等で失業、故郷へ仕送りもできず、住むところも追われ、ついつい…、のケースが多い。また放蕩癖が過ぎて誰も相手にしてくれず、乞食の群れに…、もあった。

朝鮮や沖縄出身者も少なからずいる。いわゆる非人とされる階層の人もいる。身障者もいるが、彼らの多くは身体的には健常。仕事がないから乞食をして生きるしかないのだ。つまり、怠け者だから仕事もせずにいるのではない。仕事がないのだ。雇ってくれる人がいないのだ。

――この人たちに仕事を与えれば日本から乞食がいなくなる。

飛田がそれを感じたのはこの数年後のこと、この時点ではただ毎日を生きて過ごすことしか考えていなかった。

残飯と藁の寝床で元気を取り戻した飛田は乞食の群れを出ることにした。このまま乞食の仲間でいると一生ここから抜け出せない心地の良さがあることに恐れを感じたからであった。世話になった乞食達に別れの挨拶をしたかったが、それは躊躇した。もし引き止められると、それを振り切る勇気がなかったからだ。

深夜、乞食達が寝静まるのを見計らって飛田は軒下を出た。浅草寺の門を出ようとした時、後ろから声が掛かった。

「出て行くのかい」

声の主は乞食仲間の年配の爺さんだった。

「すまない。世話になったが…」

「ええだろうよ。また、縁があったらやって来な」

そして爺さんは、「これ、持っていきな。何かの足しになるだろうよ」と三枚の一円銅貨を飛田に握らせたのであった。大金である。

まるで人っ気のない深夜の浅草六区。月ばかりこうこうと照る道を飛田は乞食に貰った三円の餞別を握って歩いていた。

乞食達と過ごした浅草。ここが飛田の心の故郷となったのだ。また、最下層の人達を救いたいという飛田のライフワークの源がここ浅草、浅草寺の軒下でもあったのである。


それから数日間、飛田は懸命に職を求め歩いた。爺さんに貰った餞別を使って生まれ故郷の大洗や水戸にも行き知り合いを訪ねたが、どこも無駄足だった。仕方なく東京へ舞い戻ったが、関東大震災以来の大不況は想像以上に過酷。彼のような宿なしを受け入れてくれる職場はなかった。

爺さんに貰った三円はすっかり使い果たしていた。歩き疲れて腹ぺこの飛田は東京湾月島の岸壁にいた。暫く岸壁から真っ暗な海を見ていた。

――もはやこれまで。行く所はない。浅草の乞食の群れに戻るか…、それともこの暗い海に……。

飛田は後者を選んだ。ポケットに石ころを詰めるだけ詰め込むと、岸壁から海に足から飛び降りた！

ドボンッ！

飛田組創業。成功へ

運命の筋書きは分からない。

えいっとばかり海に飛び降りた飛田だったが、海水は彼の腰のあたりまでしかなかった。ちょうどその時の東京湾は引き潮。それに彼の飛び込んだ辺りの海底は泥地。飛田の身体は鉛筆を突っ立てたように棒立ちになっただけだった。

そして運命というやつはここから一気に飛田を好転させたのである。港湾労働者、つまり沖仲仕の組に入ることができたのが幸運のスタートであった。

飛田が入った組の人足仲間が賭博ヤクザの食い物にされていたのをみた彼は、身体を張ってヤクザと戦い人足たちを守った。この出来事で一気に沖仲仕仲間の信頼を得た。さらに飛田は、生来の勤勉さと屈強な体力で仲間たちが一目置くほどの働きぶりをみせた。毎日、現場の先頭に立ち、陰日向なく働く飛田の立ち振る舞いは周囲から光って見えたほどだ。彼が沖仲仕の中心的な存在となるのに時間は掛からなかった。

そして芝浦の中心的な土木建築運送請負業者、西沢組の西沢喜三郎に見込まれ入社した。ここが飛田の一生の礎石となった。ちなみに飛田の女房、静は、西沢の娘である。

昭和五年（1930）、飛田組を創業、独立を果たした。二十六歳の若さであった。事務所は芝区芝浦二丁目壱番地である。それからの飛田の働きぶりは常識外れであった。おっとその常識とは守旧的な既得権益者の常識のことである。例えば縄張り、例えば談合。そんなものを度外視してどんどんと業績を伸ばしていったのである。

その常識破りの一つに、日雇い労働者の身分保障があった。身分保障といっても大したことをするわけではない。約束通りの仕事を与える。約束通りの賃金を支払う。普通の食事を与える。むやみに殴ったり蹴ったりしない。……んっ、と思われるだろうが、この時代の日雇い労働者の扱いはこの逆だった。

飛田自身も僅か九歳で前借金に縛られた丁稚になり辛い幼少時代を送った。さらに彼はこの数年前まで日雇い労働者としてまったく常識の通らない奴隷制度に近い環境に生きていた。だから日雇い労働者が悪徳業者にいいように使われ、使い捨てされている現状、辛酸を嘗めるような日々は他人事では済ませられないのだ。まして正義感の塊のような飛田である。下層労働者の労働環境、生活環境の改善はこれより飛田のライフワークとなっていくのである。

少しだけ蛇足を書いておく。

飛田の背中から胸、尻から太ももの辺りまで唐獅子牡丹の刺青が入っている。だが、飛田はヤクザではない。「ヤクザは嫌いだ。俺は町奴だ」と義理堅く、弱い者の味方になる幡随院《ばんずいいん》長兵衛のような男を自負していた。

その通り飛田は、汗水を流して働かないヤクザを嫌い、日本の最下層に生

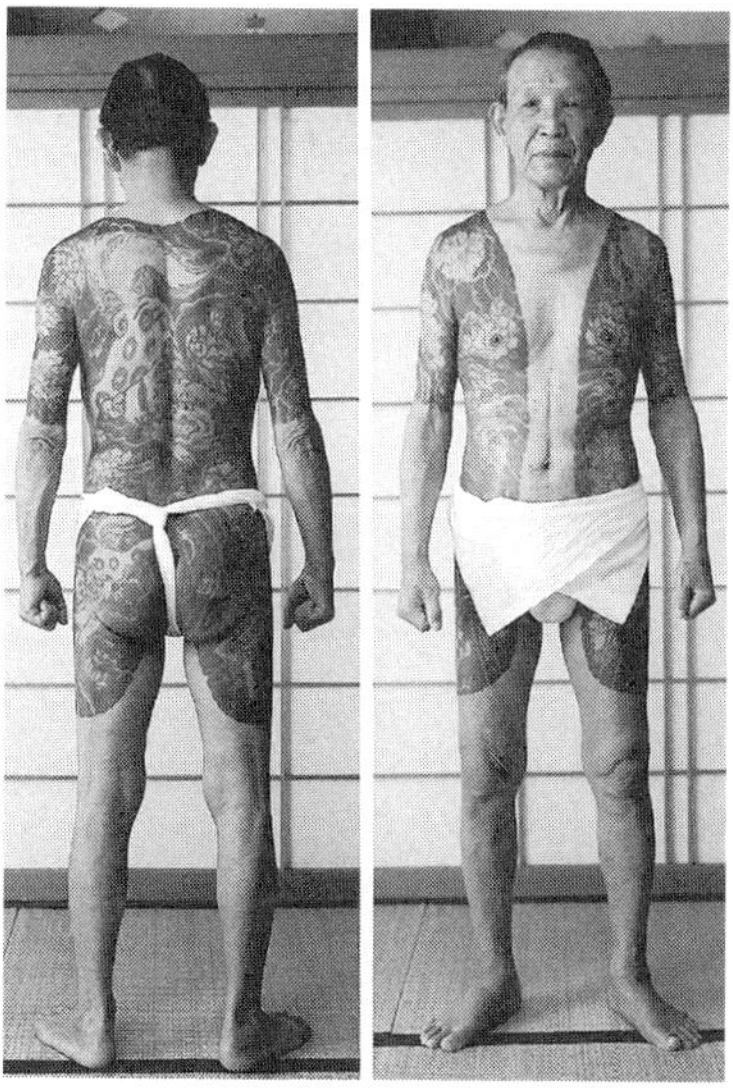

唐獅子牡丹の刺青
当世名人、土手の彫金の作

きる日雇い労働者、いわゆる土方の味方だった。土方に賃金規定や身分保障などがないことをいいことに、権力者に都合よく使われるのを見かね、土方の権利（生活）を守る組合を組織した。扶桑会（＝大日本労務供給組合）である。そして、理不尽な使われ方をされている事を知ると、土方に代わって雇用主と交渉もした。そんな時に唐獅子牡丹の刺青がものを言った。

土方の味方をする反面、怠惰で安易な生き方に走りがちな労務者に対しては厳しかった。酒や博打に走る労働者に対しては、「そんな生活態度だから馬鹿にされるのだ。お前たちを使う業者と対等になるためには、真面目に生きて、しっかり働くことだ！」と叱責している。これが飛田の目指す下層労働者像なのである。

飛田は日雇い労働者を「自由労働者」と言い、「労働する士＝労士《ろうし》」と呼んだ。そして働く目的を持ち、仲間や国を大切に、怠惰や遊蕩《ゆうとう》を慎む姿勢、つまり「精神的覚醒《かくせい》」と「労士魂の喚起《かんき》」を盛んに説いた。

これらは飛田のライフワークである。詳細は後章で詳しく述べたい。

第三話　芝浦の飛田から日本の飛田に

貧しい勝造少年は丁稚奉公を続け、やがて向こう見ずで暴れ者だが正義感の塊のような青年になる。そして東京・芝浦で独立、土木建築・船舶荷役の会社「飛田組」の親方となった。飛田組は急成長、飛田は芝浦界隈では少しは知られる男になった。

しかし、いくらいい顔の親方になったとしても、独立して二年少々の二十八歳の若輩者。社歴も浅ければ人脈も限られている。所詮は芝浦の飛田でしかなかった。

それが一気に東京の飛田、日本の飛田になったのは昭和八年のことである。

この年、世界屈指のハーゲンベックサーカス団がドイツから日本に興行に来た。この来日が飛田の運命を変える切っ掛けであった。

と言っても、飛田がサーカス団を呼んだわけでもない。ハーゲンベックとも何の繋がりもない。ところがこの興行が飛田の運命を変える結果を生んだのだ。分かりやすく言えば、博打をしない飛田が打った大博打。これが見事、勝ちと出たのである。

これ以降、飛田の事業や行動範囲は一気に広がった。朝鮮、小河内ダム、中国。そして日本の下層労働者の組織化等、大きく変化していくのである。

ハーゲンベックサーカス団

昭和八年三月、芝浦には普段にはない嫌な空気が流れていた。港湾業者たちも、いつも威勢の良い沖仲仕の連中も、声を押し殺すようにひそひそと話している。その目の先には埠頭に止まる大型船があった。

スウェーデン船籍の大型船はドイツのハーゲンベックサーカス団のチャーター船。着岸して既に十日も経つのだが一つの荷揚げもされていない。荷揚げ業者がいないのだ。大型船には大量の荷物が積まれている。いつもなら我先にと業者が手を挙げるのだが、この船にはみんな逃げ腰。その訳は、船に載せられた象や虎、大蛇などの猛獣、珍獣、一八二頭の扱いだ。加えて荷主のハーゲンベック団長の極めてシビアな取引条件もある。それと何より芝浦を仕切る顔役的な業者である松田組、井沢組がハーゲンベックと決裂、この船から手を引いたからが大きい。これを見た他の業者は、「顔役たちに逆らってまで荷揚げは請けられない」となっていたのである。

サーカス団を乗せた大型船が着岸した当初、松田組、井沢組らは真っ先にハーゲンベックに接触、「荷揚げは私どもで差配しましょう」と、この港は我々の縄張り、我々に任せないと荷揚げは出来ない、と言わんばかりの勢いだった。

ところが荷物の殆どが猛獣と聞いて一転尻込み。さらにはハーゲンベック団長の要求は厳しく提示価格は相場の半額以下だった。

値段は歩み寄りの余地があるとしても絶対に譲れなかったのがこれ。ハーゲンベックは、荷揚げや運送の指揮はドイツ人技術者に執らせて日本の業者はその指示に従えと言うのだ。これには沖仲仕のプライドにかけ松田組らは納得しない。

「なんでドイツ人の手下にならなきゃいけねぇんだ。俺たちには俺たちのやり方がある」

と猛反発、さらには、この仕事から手を引くことを正当化するため、

「四つ足の獣なんか運べるもんか。四つ足を扱うやつは……」

と、その理由を何の根拠もない変な差別意識に転嫁してしまったのである。
ほとんど口から出まかせに言ったこの一言は予想外の威力で拡散した。遺憾ながら当時、理不尽で謂われのなきこんな差別意識は強かった。訳もわからぬうちに芝浦の波止場には、あっという間にハーゲンベック嫌悪論が広がっていた。

そんな騒ぎを飛田は知らないわけではなかったが特に興味を持ってはいなかった。と言うより飛田組は新しく請け負った大仕事、東京水道局の水道管の荷揚げ・運送が大変でそれどころではなかったのだ。
その頃の飛田組は水道局からの受注で同業者と競合してひと揉め。さらには水道局指定の場所へ水道管を搬入するのだが、そこは他の組の縄張り。ここでお定まりの喧嘩沙汰。流血騒ぎも何度か。創業三年の飛田組にとって一瞬たりとも気が抜けない毎日だったのだ。

ハーゲンベックも困っていた。荷揚げは出来ない。大型船の係留費も日々かさむ。そしてサーカス団は「萬国婦人子供博覧会」に併催するものだったからその兼ね合いもあっていつまでも船の中にはいられない。何とかしなければ——。

ハーゲンベックは再度、松田組、井沢組ら芝浦の顔役たちと交渉。顔役たちは乗り気になって来たものの、今度は沖仲仕を纏める班長的な存在、棒芯《ぼうしん》と呼ばれる親方たちが、「俺たちに四つ足を運ばせるのか」と言い出した。

今まで獣を扱うことを嫌がる考えなどまるでなかったのに、いつしかそんな風潮が生まれてしまったのだ。顔役たちが自分を正当化するために吐いた謂われのない差別語が結局、自分たちの首を絞めることになった。まさに天に向かって唾を吐いたのである。

飛田のところにハーゲンベックの使いがやって来た。洒落た洋服を着こなした紳士である。松井翠声《すいせい》と名乗った。松井はハリウッド帰りの俳優で、当時、ハリウッド映画に出演する日本人は早川雪舟と彼くらいだった。帰国後は映画弁士や司会、漫談で活躍する人気芸能人であった。

「松井翠声と申します」

「何処かでお見かけしたお名前ですね」

と飛田は松井の名刺をしげしげと見ながら、彼の自己紹介を聞いていた。そして、

「そんな有名なお方が、あっしに何のご用事ですか」

「実は、ハーゲンベックサーカス団が荷揚げが出来ずに困っています。このまま荷揚げが出来ずにサーカスが開かれないことになると芝浦の荷揚げ業者が責められるだけでなく、国際問題にもなりかねません。どうか飛田さんのお力でハーゲンベックの荷揚げをしてはもらえませんか」

「ちょっと待ってください。この仕事は松田組や井沢組が交渉中じゃないんですかい」

「それが違うんですよ……」

松井はことの経緯を細かく丁寧に飛田に話し始めた。

荷物の殆どが一八〇頭の猛獣だということ。提示価格は相場の半額以下ということ。ドイツ人の技術者が荷揚げ・運送の指揮を執るということ。

それらをうんうんと聞きながら飛田はそれには少しも反応しなかった。当初から断るつもりだったからだ。しかし、松井が、「四つ足の獣を扱うことを忌み嫌って沖仲仕たちが引き始めた」と言った時、飛田の目が鋭く光った。それは捨て置けない、という目の光りであった。

飛田の弱者への思いやりは強い。それは社会の底辺に生きる日雇い労働者たちには勿論、在日朝鮮人や被差別部落に対する差別や蔑視は許さないという姿勢であった。

一つの例がある。関東大震災の時である。飛田は松本材木店に勤めていたが手の付けられない暴れん坊だった頃のことだ。

大震災の二日後から、「朝鮮人が日本人を殺している。女も殺された」、「井戸に毒を投げ込んだ」などの流言蜚語《りゅうげんひご》が飛び交った。それに対抗して日本人自警団が結成され、朝鮮出身者らへの迫害が頻発した。意識過剰となった各地の自警団は、朝鮮半島出身者とみるや集団で取り囲み、殴打、殺害した。いわゆる朝鮮人虐殺事件である。

それらの流言蜚語のほとんどはデマだったことが分かり、政府や警察は懸命に事の沈静化にかかったが自警団の異常なまでの殺戮行為は止まらなかった。

そんな惨事は浅草でも起こった。

朝鮮人を追い回す自警団。その前に立ちふさがったのが飛田。「この男が何をしたというんだ。意味もなく朝鮮人をイジメたらいかん！」と棒を振り回して朝鮮人をかばったのである。

飛田にとって民族差別の不条理などということより、弱い者苛めを許さないという思いの行動なのである。そんな飛田だから今回の、「四つ足の獣を扱うやつを忌み嫌い差別する」と聞いただけでパチンと反応したのだ。

まるで取って付けたようなことを言うようだが、「俺は弱い者の味方だ」、これが飛田勝造。飛田勝造の分かり難さであり、そして飛田勝造の分かり易さなのである。

以後の飛田の行動を見る際に多少不可解なことがあっても、「弱者のため」をキーワードにするとすべてが解ける。「小河内ダム工事」しかり、「大日本労務報国会」や「扶桑会」しかり、戦後の「東山農園」もしかりである。


「松井さん、ハーゲンベックに会わせてください。直に会って話をしたい。何も松井さんが不満だと言っているわけではないが、こんな揉め事の中に入るのならば、本人と直に話さなければ何も決められない」

「それはいいですが、飛田さんは外国語が話せるのですか。ハーゲンベックはドイツ語か英語しかできません」

「あっしは小学二年しか行っていない無学です。外国語はおろか日本語だって危ないもんだ。だが、ハーゲンベックという人は人間だろう。飯も食えば糞もする。笑いもすれば泣きもする。ドイツ人だって人間だろう。言葉が分からなくたって心が通じたらいいんだ。

心が通じれば覚悟もできる。心が通じなければ何も始まらない」

飛田の言葉に松井は深く頷いた。

そして翌日、飛田とハーゲンベックの会談が始まったのである。

松井は通訳として同席した。

背筋を伸ばして椅子に座るハーゲンベックは顔色も変えず淡々と条件を述べる。その態度には世界一のサーカス団を作りあげた男の自信と誇りが満ちていた。

対する飛田は椅子に深々と腰を下ろし、足を大きく開いて座っている。彼のいつものスタイルである。そしてハーゲンベックの顔をじっと見つめている。

松井は懸命に通訳する。飛田が嫌がりそう

芝浦の中堅になった頃の飛田組。事務所前で組員勢揃い。昭和11年正月

な厳しいことを言う際、ちらりと飛田の顔を見るが、飛田は反応しない。

「ハーゲンベック・サーカス団はヨーロッパ各国を巡業しているが移動はすべて自前の車で運送業者は使わない。その車は移動式家屋になっていて、団長を始め従業員一同はその中で寝起きして、どこの地でもホテルをとったことがない。食事もすべて自分たちで作る。客を入れる天幕式の小屋やステージの組立もすべて自分たちでする。工具は勿論、縄一条、釘一本だって現地に注文することはない。日本でもこのやり方は崩さない」

ここで初めて飛田は反応した。

「それじゃ俺たちに何をしろと言うんだい。船から荷を降ろすだけってぇことかい」

「その通り」

と、ハーゲンベック。そしていかにもドイツ人らしい理屈を並べてサーカス団の理念を述べ始めた。

「ちょっと待ってくれハーゲンさん。お前さんの理念はよく分かったが、それはお前さんの勝手な言い分だ。俺はお前さんの信念や商売を助けるためにここに来たんじゃない」

飛田は「黙って聞けよ！」と言わんばかりに、拳でポンと膝を打ってこう続けた。

「ハーゲンベックは世界一のサーカスと言うじゃないか。今までの曲馬団《きゅくばだん》とは大違いと聞いたよ。特に猛獣ショーは日本ではとても見られないものらしいな。それをだね、日本の子供たちに見せてやりたいんだ。それにだね、今回は御国をあげての〝婦人子供博覧会〟だ。そこに参加する外国のサーカス団なら我が国のお客様も同然だ。そのお客様が困るようなことをしては日本の恥だ。それはいかん」

そして飛田がこう続けた。

「お客様が困っておられるなら銭金抜きでお手伝いしよう。子供たちの大喜びする顔を見られるならタダでも構わない。そんな思いで俺はここにいるんだ。ハーゲンさんよ、俺は日本人だぞ！　あんたたちの勝手ばかり押し付けるのなら俺は下りさせてもらうぜ」

飛田はある種の雰囲気を持つ雄弁家だ。相手の呼吸を嗅ぎ分け、相手の心に響く言葉を瞬時に選び出す能力がある。その選び抜いた言葉を矢のように真っ直ぐ相手の胸に放つ。

この場面では理屈で纏めようとするハーゲンベックに、「日本の子供たちに猛獣ショーを見せるためならやる」、「日本のためにやる」、「タダでやる」などとドイツ人の理屈では整理できない言葉を放ったのである。

ハーゲンベックは言葉に詰まった。そして思い直したように、

「飛田さん。どうも私は、あなたの要求も訊かずに一方的にこちらの条件を押し付けたようだ。その点は謝る。でも私たちはこのスタイルを崩せない」

「何も俺はハーゲンベック・サーカス団のやり方にケチをつけているんじゃない。仰ってることは立派なことだ。見習いたいほどだ。だが、こちらにもこちらの方針がある」

飛田はハーゲンベックのやり方をすべて受け入れる。ドイツ人技術者の指揮下に入ってもかまわない。しかし、日本人労働者をできるだけ多く使うこと。これだけは譲れない、と強調。そして、関東大震災以来の不況で仕事がなく苦しんでいる下層労働者に働く場を与えたいのだ、という飛田の信念を伝えた。

それを受けてハーゲンベックは、「よく分かった」と即答。結果、飛田の要求を受け入れたのであった。

「飛田さん、それでもサーカス団には予算がある。決まった額しか払えない」

「タダでいいと言ったろう」

「そんなことは現実的じゃない。代金を支払わない仕事は、仕事の責任も発生しないじゃないか。いい加減な仕事じゃ困る」

「馬鹿を言うなよ。銭を貰わなきゃあ、いい加減な仕事をする？　俺をなめてもらっては困るぜ。俺は日本人だぞ！」

　そんなやり取りが続く。

　何事も理詰めのハーゲンベック。対して飛田は「日本人だぞ！」で対抗する。ハーゲンベックには理解不能なこの啖呵には往生した表情だ。

　飛田が連発する「日本人だぞ！」には補足がいるだろう。

　これには良い例がある。飛田のご息女・義子さんと筆者とのメールのやりとりの中で彼女がこう書いている。

「父の『日本人だぞ』の言葉は、今は探しても見つかりづらいが、昔から日本人の心の底に秘めていた、弱い者を助ける義侠心、横暴な力にはむかう反骨、やさしい人情、美しいものを愛する、その心を忘れるなよ！ということなのです。曲解されやすいのですが外国人を差別する言葉では決してありません。それが韓国人や中国人であろうと、この心根を持つ人が居たら父は迷わず仲間として抱え込んだ

青梅の東山農園に続く道に立つ「日本人だぞ」の看板。
この写真は昭和40年代のもの。

ことでしょう」

ご息女たちは幼いときから事ある度に飛田に、「日本人だぞ！」の心根を言い聞かされてきただろうから、この解説は実に的確、美しくさえある。

さて、ハーゲンベックには理解不能な、「日本人だぞ！」の啖呵と「タダでやる」の提案である。

それにはさらに内緒話が必要だ。

実は飛田、この仕事をタダでしたいわけではない。何もサーカス団に無料奉仕をする義理もない。しかし、この荷揚げをビジネスとして請け負うと松田組、井沢組らがハーゲンベックと揉めているのを幸いに、横から仕事を奪ったことになりかねない。こちらにそんな気がさらさらなくとも彼らはそう言うだろうし、周囲からはそう見える。それは避けたい。そして彼ら芝浦の顔役の顔をつぶすようなことになると面倒だ。

かと言って「四つ足騒ぎ」は看過できない。下層労働者に仕事も回したい。そこで飛田の頭に反射的に浮かんだのが、「タダでする」ことだった。へ理屈だが、これなら仕事ではない。仕事でないのだから松田組や井沢組の仕事とは関係ない。関係ないのだから報告や了解は不要だ。

――これが飛田の独特の論法である。

しびれを切らしたようにハーゲンベックが折れてきた。

「では飛田さんの意見をのみましょう。しかし、それだけでは私は納得できない。でも、だんだん私は飛田さんが信頼できるようになった」

さらにハーゲンベックは、

「私たちサーカス団はこれから九月末までが日本での興行です。まずは東京の芝。それから甲子園、福岡、大阪、名古屋と巡業します。どうです飛田さん、荷揚げと芝への運送は仰るようにタダでお願いします。そのかわり九月末までの巡業のお手伝いをしてくれませんか。これはビジネスです。主な事は日本政府が手配してくれていますのでそう面倒なことはないでしょう。それと私たちサーカス団の旅と日々の生活はお話ししたように自分たちで全部やります。移動も運送も自前です。でも飛田さんの要望の労働者を使うことにはOKしなければいけませんね。巡業先の設営は飛田さんの方でやってください。うちのスタッフとはうまくやってください」

サーカス団の来日が昭和八年（1933）三月二十二日。それから同年九月三十日の帰国まで半年強の興行一切を飛田は予期せず請け負うことになった。ハーゲンベックの提示した金額は総額一万円。現代感覚なら一億円ほど。飛田はそれが高いか安いかも分からないが、気持ちよく引き受けたのであった。

大型船から荷の陸揚げが始まった。今まで静かだった船がまるで動き出したように騒がしくなった。サーカス団員は走り回る、動物たちは吠える鳴く。起重機の音が響く。飛田組の若い衆の掛け声も大きい。

虎、ライオン、キリン、シマウマ。それぞれ大きな檻に入っているので、そのまま吊り上げればいい。だがただ箱に収まっている荷物じゃない。生き物である。いくら飼い慣らされているとはいえ猛獣だ。吠えもすれば大暴れもする。

もっとも気を遣ったのが象である。象は大きくて箱には入れない。起重機で吊り上げるわけにもいかないので船から長い足場を造り歩いて降ろすのだ。足場から落ちてはいけないので、象の腹に布を巻き付けてそこにロープを通し、ロープは起重機に結ぶ。いわゆる命綱である。

サーカス団の象使いが付いているとはいえ飛田組の猛者連中もこんな仕事は初めて。おっかなびっくりのへっぴり腰だ。

「何をやってんだぃ。びくびくするな」と飛田の怒声が飛んできた。

芝の会場予定地に着いた、芝会場は芝浦一丁目。今でこそビル街だが当時は埋め立てが終わったばかりの広大な空地だった。そこに五千人が収容できる大テント小屋を建てるのだ。大きな体育館がすっぽりと入る規模である。

足場を組む鳶職が数十名。その補助の男たちが数十名。多くの資材を運び込む男たちが数十名。飛田が手配した労働者が百名近く雇用された。

会場は甲子園、福岡、大阪寿町、そして名古屋へと巡業。飛田の要望通り現地で多くの日雇い労

象を船から下ろし貨車に積む込む作業。象に乗るのは象使い

働者に仕事を与えることが出来た。

ハーゲンベックサーカス団の日本興行は史上に残る数々の実績を残した。それは連日大入満員を続けた記録的な興行成績ばかりでなく、日本では初めて観る本格的な近代サーカスショーは社会現象とまでになった。これまでは曲馬団とか曲芸団といわれていたものがサーカスと名が変わったのもこれが契機である。

サーカス興行の宣伝のために作られた『サーカスの唄』は古賀政男の哀愁を帯びたメロディーと西條八十の洒脱な歌詞、「♪旅のつばくろ寂しかないか　おれも寂しいサーカスぐらし〜」で大ヒット、街中に曲が溢れたばかりでなく、その後もサーカスや映画館の客寄せ、広告宣伝の町回りの音楽・ジンタの定番曲として長く唄われ続けた。

また、ハーゲンベックサーカス団の来日が契機とな

大盛況だったハーゲンベックサーカス芝会場　＝婦人子供博絵葉書

り動物園ブームも起きた。東京・上野動物園はこの年、ハーゲンベックからキリン、コンドル、マントヒヒ、フラミンゴなどを購入し動物園の充実を図った。名古屋市はやはりハーゲンベックからシロクマ、カバ、シマウマ、サイ、サル、ペンギン等を購入し、昭和12年に東山動物園をオープンした。

こうして多くの社会現象を捲き起こしたハーゲンベックサーカス興行に一役買った飛田だったが、彼自身の営業収支は皮肉にも赤字であった。それもそのはずハーゲンベックと付き合った半年間は飛田組のビジネスというより下層労働者の一時雇用というボランティア活動をしていたのと同じだから無理もない。

飛田はサーカス興行の一切を一万円で請け負っていた。決して安い価格ではなかったが現地雇用の日雇い労働者の待遇を思い切って良くしたこともあり、収支はまるで合っていなかった。しかし、この場の収支では大赤字を出したのだが、後年、飛田が全国の下層労働者を組織する動きを起こした際、この年、この場で働いていた名古屋、神戸、福岡、大阪の労働者たちが率先して飛田の許に集まり、大いに組織化の力になったのだから、あながち無駄な損失ではなかったことは後日に分かる。

最終巡業地の名古屋興行を終え、帰国するハーゲンベックを港で見送った飛田の懐にはもう僅かな金しか残っていなかった。

「どうだ、一仕事終えたんだから骨休めでもするか」

飛田はこの半年の興行の番頭的な役割だった田中を労ってもやりたかった。

それと、ここ半年は芝浦の飛田組にはほとんど顔を出していない。組の経営は妻の静に丸投げだった。相当な苦労をしていることは聞かなくとも分かる。それも気になる。気になるんだから、さっさと芝浦へ帰って「長く留守をしてすまなかった」と言えばいいのだが、どうも、そうは言えない飛田であった。

「せっかく名古屋まで来ているんだ、お伊勢さんはすぐそこだろう。お伊勢参りと洒落こもうじゃないか」

「合点！」

てな調子で飛田と田中は伊勢神宮に参上。大神宮に参詣し、伊勢うどんでも食って、赤福でも土産に提げて帰れば何ということはなかったのだが、そうはいかないのがこの二人。

「田中よ、日本五大遊郭って知っているか」

「へぇ〜？　難しいことは分かりませんが、吉原なんかでしょ」

「江戸の吉原、京の島原、浪花の新町、長崎の丸山。そして伊勢の古市よ」

「伊勢の古市ねぇ〜。ここですかね」

「せっかく伊勢まで来ていながら、日本五大遊郭の前を素通りしたんじゃ、東男の名がすたるだろう」

「違ぇねえ！」

二人は東男の名誉を守るためという怪しげな大義名分を引っ提げて、古市の花街へ繰り出したのであった。そしていつもの馬鹿遊び。予定外の長逗留となってしまった。

懐の金はすっかり使い果たし、東京への帰りの旅費もなくなった。

「困ったナ」と思ったのは一瞬のこと、飛田は静に宛てて、「カエリノリョヒヲオクレ」と電報を打った。これも今回初めてのことではない。これですぐに為替が送られてくるはずだ。

するとその夜、静から返信があった。電文は次のもの。

「カエルニオヨバズ　シズ」

女房・静

ここでこの電報を送った飛田の女房、静《しず》について書いておきたい。

牧野吉晴、富沢有為男、尾崎秀樹ら一流作家がさまざまな形で飛田勝造を書いた。それらの原作は映画化されて、「強きをくじき弱きを助ける痛快な男。背には唐獅子牡丹の刺青で、怖いもの知らずの男一匹」というイメージが出来上がった。さらに、「♪義理と人情をはかりにかけりゃ　義理が重たい男の世界～」という主題歌が大ヒット、「唐獅子牡丹の男」は一気にスターになった。

このイメージを定着させたのは名優・高倉健の力もあるが、飛田勝造の実体も、実際の飛田はヤクザではないという点を除けば、人間性や指向性は同じと言ってもいい。

ところが一流作家たちが書き忘れていることがある。それは「飛田静」。勝造の女房である。この人がいなければ男・飛田勝造はなかったと断言できる。

高倉健の『唐獅子牡丹』シリーズと並んでヒットを続けた東映の任侠映画に『緋牡丹博徒』シリーズがある。これは藤純子（富司純子）主演で一世を風靡した人気作品である。

今から四十年も前の映画でお忘れの向きもあろうから、あらすじだけ紹介すると、藤純子の演ずる「緋牡丹のお竜」こと女侠客、矢野竜子が闇討ちで殺された父の仇を求めて各地の賭場を流れ歩き、サイコロ博奕の壺を振る。その際、颯爽と片肌を脱ぐと見事な緋牡丹の刺青。さらには、義理と人情を踏みにじる不正な悪党たちと闘っていく。というストーリーだ。

飛田静は女侠客ではない。賭場で壺を振ったりはしない。まして緋牡丹の刺青などない。しかし、藤純子演ずる矢野竜子を観ているとなぜか静を連想する。

こんな事実があった。まるで映画の一場面のようだが実際にあったことだ。

飛田組を創業しての数年は近隣の組とトラブルが絶えなかった。台頭してきた新興の飛田組と既存勢力の組とのいわゆる縄張り争いである。縄張りというあってないようなものの、どちらに理があるのか分からないものの、そんなものの奪い合いには理知的な解決策はない。結果、腕ずくでの解決が普通だった。そして横行したのが相手の事務所を襲撃する殴り込み。まさに切った張ったの出入りである。

ある日のこと、飛田組の事務所の前に、ギーッと急ブレーキの音を立ててトラックが止まった。続いてもう一台。止まったトラックの荷台から数十人の男が飛び降りてきた。男たちは手に手に日本刀や手鉤を持ち、怒声に似た叫び声を出しながら事務所になだれ込んできた。

その時、事務所には飛田組の人間は誰もおらず空っぽだ。殴り込んできた男たちは、「この野郎!」とばかりに机の上の物を床にぶちまけて大暴れ。そして男たちは事務所を突っ切って奥へと向かう。その奥には飛田の住まいの座敷があるからだ。

「飛田!　出て来い!　ぶっ殺してやる!」

口々に蛮声を上げて押しかけた。

実はその時、奥の座敷には飛田と数人の若い衆が身を潜めていたのだ。

事務所の前にトラックが急ブレーキで止まった時、事務所にいた静は、「殴り込みだ」とすぐ分かった。それは数日前から不穏な空気を感じていたからだ。

「あなた!　奥に隠れなさい。あなたたちもそうよ!　急いで!」

と静は飛田と若い衆を奥座敷に逃がした。

相手は四、五十人もいる。こちらは三、四人。正面衝突すれば勝負にもならない。

蛮声をあげて男たちが座敷を目がけて押しかけてきた。

「飛田！　出て来い！」

事務所の奥に土間があり、土間には座敷に上がる敷台がある。その上に四畳ほどの小座敷。その先は奥座敷に続く広い廊下だ。

その小座敷に膝を揃えて座っている女が一人いた。静である。濃紺の小紋の着物、背筋を伸ばし両手をつき浅く頭を下げる静であるが、頭を浅く下げていても、切れ長のその目はしっかりと見開き、相手をじっと見据えていた。

「このアマ！　どきやがれ！　ぶっ殺すぞ！」

「飛田はこの奥か！　邪魔するな！」

男たちは静に罵声を浴びせるが静は微動だにしない。返事もしない。

「このやろうー」と男は日本刀を振り上げるが、静は眉一つ動かさない。

静と男たちのにらみ合いが続く。

暫しの時が経つ。

敵の小頭が「引き上げだ！」と一声。男たちは飛田の事務所を後にした。

静の座る奥の座敷に飛田がいることは分かっていたが、男たちは女の静を斬ってまで座敷を目指さなかった。それは静の気迫に負けたのか、あるいは女を傷つけることを良しとしない侠客心があったのか、いずれにしても敵は引き上げて出入りは終わった。

　後年、この話は、押しかける敵の前に両手を広げて立ちはだかった静が、

「ここを通るのなら、私を斬ってから行きなさい！」

と啖呵を切った。この気迫に押されて敵は引き上げた、となって周辺に伝わっていた。

　この方が格好もいいし劇的だ。例えば映画で藤純子に演じさせるなら問題なく、「私を斬ってから行きなさい！」であろう。

　しかし真実は、膝を揃えて背筋を伸ばし微動だにしない静、であった。どちらが怖いのだろうか――。

　多くの人はこんな物騒な現場に居合わせたことはないだろうから、一見、「私を斬って…」の啖呵の方が怖く思うだろうが、実際は違うようだ。白刃の前で微動だにせず正座をする女の凄み。この迫力は怖い。そこには、「私を斬れるものなら斬ってごらん」という凄みのある台詞が隠れているのだ。

　その隠れていた台詞。静が言葉にしなかった啖呵がこれである。

「私は西沢喜三郎の娘だよ。斬れるものなら斬ってみな。お前さんたちに、そんな度胸は

おありかい！」

西沢喜三郎は芝浦の顔役的な港湾運送業者。その娘を斬ったなら芝浦中の親方を敵に回すことにもなりかねない。静は少女時代から沖仲仕たち、荒くれ者の中で育っている。喧嘩沙汰、諍いごとは日常茶飯事だ。だからその辺の呼吸は心得たものだ。生まれ育った環境が育《はぐく》んだ喧嘩上手なのである。だから静の身体に染みついた凄み、睨みは数十人の男たちを黙らせるほどの力があるのだ。

飛田 静
この人なくして勝造なし

静は飛田が留守がちな飛田組を文字通り女将となって支えてきた。飛田が留守がちと書いたが、留守がちどころかこの時代はほとんどが留守である。

飛田組独立から三年目。昭和八年三月から十月までハーゲンベックの全国興行で留守。ここは日本国内だからまだいいが、同八年の冬から同十年までの一年半は朝鮮の発銀鉱山へ行って留守。やっと帰って来たと思えば、同十一年二月には選挙違反で懲役三月、二・

二六事件がらみでさらに八ケ月、ブタ箱に入って留守。そしてその年の十二月から同十三年までは小河内ダム建設のため労働者を連れて奥多摩の山に入り二年間の留守。さらには、翌十四年十二月から十五年冬までは中国大民会の顧問となり中国に渡り留守。

つまり昭和八年から十五年までの八年間のうち六年近くは芝浦の飛田組を留守にしていたのだ。この間の組の切り盛りはすべて静。飛田組の社長は静だったと言ってもいい。

もとより、食うや食わずの裸一貫の沖仲仕だった飛田が起こした創業間もない飛田組に潤沢な資金などあるはずもない。静は、時には荷車に家財道具や自分の着物を積んで質屋で金に換え、従業員の給料や運転資金を工面していたという証言も複数あった。

そんな静の苦労を知ってか知らずか飛田は、「全国の下層労働者の生活を守るための組織作り」に没頭していたのである。

「世のため人のために働く、自分のことは捨てて働く」飛田。滅私奉公そのものだ。その滅私の私の部分、つまり飛田組の経営や若い衆の生活、そして飛田家の家族の生活。それを懸命に支えたのが静なのである。この支えがなければ飛田組も飛田家もとうに崩壊していた。それは断言できる。この女房あってこその飛田勝造なのである。

嘘のようだが飛田は酒がまるで飲めない。宴会は大好きで踊って唄って大いに騒ぐが、あれは素面《しらふ》、呑んだふりなのである。

その彼だが家では少しだけ飲む。それは少しと言えないほど少しの量。コップに数滴のウヰスキーをたらした水割りである。それを静と長火鉢を囲んで向かい合わせでゆっくりと飲む。静は飲める口。酒に強い方だ。だから飛田は静の晩酌に付き合っているのである。

その席では無論、「静よ、いつもすまんな」などと言うわけがない。いつものように蕩々と天下国家を語り、あるべき日本人の姿を語っている。静はそれを肯定もせず否定もせず、黙って聞きながら静かに盃を傾けている。

もう一度言う、この女房あってこその飛田勝造である。

「日本の飛田」の生みの親

ハーゲンベックサーカス興行に一役買った飛田だったが、彼自身の収支は大赤字であった。それに加えて一仕事終えての伊勢古市での遊び過ぎもたたって、女房の静から、「カエルニオヨバズ　シズ」の電報を貰うはめにもなってしまった。まさに踏んだり蹴ったりの状態の飛田であった。

しかし、滅私奉公そのものの姿勢で下層労働者に仕事を回していた飛田の姿を感心しながら見ていた人もいた。真田秀吉《さなだひできち》である。この人との出会いが切っ掛けで飛田は大きく日本中に羽ばたく男となったのである。

真田秀吉は内務省東京土木出張所長。東京大学出身の高級官僚だが一流の土木技術者で机上より現場を大切にする人だった。その真田は昭和八年から（社）工政会の会長に就任していた。

この年のハーゲンベックサーカス団の来日興行は『万国婦人子供博覧会』の一環である。そして博覧会の主催者は工政会と大日本聯合婦人会。つまりサーカス団の動向や人気は工政会にとって他人事ではない。真田は注視していた。

真田は東京水道局の配管を運送している飛田の評判は聞いていた。東京土木出張所に関連することだから当然だ。飛田の評判は、「なかなか気っ風が良く、仕事も出来る。荒くれ者をよく纏めている。約束は守る男」だった。

土木畑の一流技術者で大阪の淀川、関東の多摩川や利根川の治水工事など大規模な工事の先頭に立ってきた真田は土木労働者の扱いに苦慮してきた経験もある。だから飛田の日雇い労務者、下層労働者の扱いには新鮮な驚きもあった。

　そして今回のハーゲンベックサーカスの興行を請け負う飛田の真の動機が、現地の下層労働者に仕事を与えることだったことを知り、さらに真田の心は動いたのである。

　真田は飛田を招いた。婦人子供博の成功の礼を言うという口実である。一通りの儀礼的な挨拶を済ませ、真田が本音で切り込んだ。

「飛田さん、ハーゲンベックの興行で労働者を充分に使えましたか？」

「とても充分とは言えません。どの興行地も一月足らずの短期間でこちらで請け負える仕事も少しですから知れていますよ。でも、ほんの少しの期間でも道端で焼酎をあおっている連中に仕事らしい仕事をあてがってやれてよかったですよ」

　飛田は日雇い労務者については、

「現場に行くまではどんな仕事なのかも分からない。日当も貰ってみなければ約束の金額かどうかも分からない。うっかり怪我でもしようものならその瞬間にクビ。そんな毎日なのだからヤケになるのも分かる」

　真田は驚いたように、

「日当の金額が違うって、そんなことはあるのかね。私は公共工事の発注者として約束の金額はちゃんと払っているはずだが…」

「偉い人はそれだから困ります。下々のことが少しも見えていない。元請け業者は人夫一人、一日、一円八十銭の日当で役所に請求していたとして、実際に労務者の手の上に乗るのは八十銭ほどだ。一円はピンハネされている」

「何故そんなことが出来るのだ。違法じゃないのか」

「ちゃんと言い訳ができるように悪徳業者はピンハネするんですよ。朝、現場に労務者が来ると、そんな服装《なり》じゃこの現場はいかん、これを着ろ、と言って作業服や半被《はっぴ》を貸す。その代金が一日で四十銭、地下足袋《たび》を貸すから三十銭。そんな手口でピンハネするんですよ。長期出張の現場なんかもっと酷い。飯代、布団代、薪代。名目はどうにでもなる。当初、労務者の日当は一日二円、宿付き飯付きで十日間の約束で現場に行く。十日後には二十円持って帰るつもりが実際の支給額は五、六円もあれば良い方だ」

「抗議をすればいいじゃないか」

「そんなことすれば殴られて蹴られて道に放り出されるのが関の山ですよ。そして二度と雇ってくれない。それを労務者たちも知っているから泣き寝入りする。悪徳業者はますますズに乗って不正を繰り返す。そんな図柄ですよ」

飛田は、「そんな不正が横行するのは下層労働者が個々で仕事を求め、個々で雇用されるから悪徳雇用主のいいようにされる。労務者と雇用主の力関係に差がありすぎるからだ。もとより下層労働者に労働条件などを交渉する知識も力もない。個々で解決せよというのは無理な話だ」

と力説した。そして、

「労務者たちは自分が不条理に使われていることは分かっている。そして自分の力では何の解決もできないことも分かっている。だからヤケになり安酒をあおり、博奕に走り、犯罪を犯す者も出てくる。仕事だってそうだ。彼らはもっともっとできる能力がある。だがそんな労働環境を押し付ける雇用主のために力いっぱい働こうとはしない。それは当然だ。適当な時間稼ぎと手抜きばかりの現場になる。それを見て雇用主はろくに金も払わないくせに、働け！　働け！　と怒鳴る。牛馬を使うように棒を振り上げる。労務者の方は殴られるのが嫌だから働くふりをする。これでは良い工事ができるわけはない」

こう話す飛田の言葉には具体性もあり説得力がある。それもそのはず飛田は、今は数十人を使う企業主だが、僅か五年前まで、ドブ鼠のような恰好した下層労働者だった。そして日雇い仕事を転々とし、不条理な現場を嫌と言うほど見てきた本人なのである。

真田は飛田の話を心が裂かれる思いで聞いていた。飛田の話は工事現場の下層労働者のことなのだが、それは日本の土木建設全体、その構造の問題点の指摘でもある。また、賃金のピンハネによる騒動は佐渡金山の佐渡鉱業所で実際にあり、被害にあった労働者の数百人が一斉に職場放棄して逃走するという事件もあった。一般には隠された事件だが、真田はそれを知っていたので飛田の話には格別に信憑性を感じていた。

真田は日本の土木工事建設の頂点にいる人間だ。それをピラミッドに見立てれば最下層の部分にいる労働者が不安定ならば土台が揺らぐことは必至だ。

「飛田さん、よくお話しくださった。これは由々しき問題だ。この解決策をあなたはお持ちですか」

「あります。日本中の下層労働者を全員、あっしが雇えばいっぺんに解決です」

「ほうッ、見事だ。大きく出たね」

「真田会長！　これは与太話《よたばなし》じゃありません。実際、それくらいのことをしないと日本中の下層労働者を救うことはできません。労務者の連中だって好きであなったわけじゃない。本当はまっとうに働きたい。並の暮らしがしたいのです。でも悪徳業者の犠牲になってヤケになっている。これは救おうと思えば簡単にできることです。それはそんなに難しいことではない」

「難しくない？　どんなことだね？」

「労務者がやる気になって働くようになればいいのです。だから、やる気になってもらうようにすればいいのです」

「労働条件の改善かね？」

「それも大切ですが、それは二番目。一番は心の問題です。連中も日本人です。日本人の魂を持っています。それを呼び起こすのです！」

飛田は口角泡を飛ばして真田に迫った。

真田には今ひとつ飛田の言葉に理解は及んでいなかったが、この飛田という男なら何かを成し遂げそうだ、という確信に近いものは感じたのである。

真田にとっても下層労働者の問題は他人事ではない。土木界の構造の問題である。飛田が言うように土木工事を下で支える労務者がやる気で働くことになれば、工事の質も格段に良くなるだろう。案外、そんなことで工期の短縮が可能になるかもしれない。そう考えたのである。

「飛田さんの言うように一気に全国の労務者を抱え込むことは難しいが、少しでも多くの労務者をあなたの下に送り込むことを考えませんか。そして実績を上げていけば、やがてあなたのいうようなこともできるかもしれませんよ」

真田は考えた。

飛田に多くの労働力を必要とする工事を仕切らせれば、街頭にいる労務者に仕事を回すことに繋がる。真田が東京土木出張所長の肩書きにものを言わせればある程度の仕事は確保できる。しかし、内務官僚としてその行動は問題になる。まして今、日本は関東大震災以来の不況の最中、そうそう仕事があるわけではない。その時、真田の脳裏を走ったのが朝鮮、満州である。

昭和七年（1932）、満州国が建国。日満議定書が調印されて日本の既得権益が承認された。豊富な天然資源。広大な土地。そこへの重工業の進出も計画され、日本では「満蒙《まんもう》の天地《てんち》」として注目されていた。

そして満州に隣接する朝鮮の山間部も豊富な鉱脈があるが、その開発には満州側が安全でなければいけない。実際、反日的な馬賊《ばぞく》に鉱山が襲われる事件も少なくなかった。その難点が今回の満州国建国により解消され、一気に開発が活気を帯びたのである。

満州はいかに日本に既得権があるとはいえ他国である。内務省も手を出しにくい。その点、朝鮮は日本国である。不況の日本の内地ではなく朝鮮には大きな建設工事もある、特に鉱山建設だ。ここなら日本国内の既得権益のある業者も文句が言いにくい。

真田は飛田に、朝鮮の鉱山の施設工事を請け負う気はないかと持ち掛けたのである。鉱山施設の建設工事なら労働者を大勢雇うことができる。しかし、場所は遠く朝鮮。そして鉱山のあるのは険しい山間部だ。

飛田が首を横に振るかと思いきや、「ありがたいお話です。お願い申します」と即答したのである。

真田はすぐに日本鉱業に連絡をした。日本鉱業は鉱山、石油などで日本の代表的な会社である。朝鮮に精錬所も持ち同地の鉱山の多くは同社の傘下だ。同社と真田は土木工事を通じよく知る関係にあった。日本鉱業は真田に「朝鮮の発銀鉱山の建設工事ならすぐに発注できる」と返答。そして間を置かず同社は飛田に会い詳細な打合せに入ったのである。

念のため蛇足を書くが、真田秀吉は日本の土木工事に多大な実績を残したばかりでなく土木工学等々、学問的な功績も多大で人望も篤い人である。真田は、旧来の人力、牛馬力に頼った作業と機械掘削、機関車運搬への比較を実証的に行い、機械化施工の有利性を明らかにする等、現在の機械化土木工事の先駆者といわれている人物である。

この時の飛田への肩入れも土木工事の構造改革が動機で他意はない。そして飛田と接触しているうちに、飛田の竹を割ったような性格、ひたすら下層労働者を思う気持ち、それに惹かれて数々の応援をするようになったのである。

真田秀吉
飛田の最大の恩人はこの人。真田の紹介で人脈が大きく開けた

真田は広島県三原の生まれ。生家は地元で屈指の旧家である。京都第三高等学校（現京都大学）予科から東京第一高等中学校（現東京大学）へ。そして東京帝国大学を卒業。最大省庁の内務省に入省。ついには土木建設部門のトップにまで上り詰めた人。家柄抜群、頭脳明晰、まさに絵に描いたようなエリート中のエリートである。

そのエリートの前にいる飛田は貧民生まれで丁稚育ち。小学校二年中退のまったくの無学。おまけに全身に唐獅子牡丹の刺青を入れたアウトローである。

普通なら対面して話すことすら難しい階層差、社会的地位の差がある。しかし真田はそんなものなどなかったかのように、膝を折って耳を傾け、飛田の話を聞いたのである。

聞くばかりではない。飛田の目指している理想を高邁なものと信じ、片肌脱いで応援をしたのである。話す相手の身分階層ではなく、外見的な見てくれでもなく、発する言葉とその理念を重視して政策に活かす。こんな腹の据わった官僚がいた時代を心底から羨む。

真田は何人もの土木技術者や官僚を飛田に紹介した。そのうちの一人、内務官僚で土木学会会長も務めた岩沢忠恭《ただやす》は戦後も長く飛田と交遊、奥多摩の道路整備や橋梁建設のアドバイスをしている。

その岩沢は昭和二十三年に創設された建設省の初代事務次官である。言うまでもなく建設行政のトップで建設省内では絶対的な権限を持っていた。後々、飛田が民間人であるにもかかわらず建設省に強い影響力を持てたのは、この岩沢がいたからである。

さらに真田は朝鮮に行くのなら関東軍にツテがあった方がいいと松室孝良《たかよし》陸軍大佐を紹介した。松室は騎兵第一連隊長で昭和八年から関東軍司令部付のチチハル特務機関長になった人物だ。

岩沢 忠恭
飛田の奥多摩開発事業の建設面の指導はこの人だった

この松室と飛田は会った瞬間からウマが合った。二人は共に他人が聞けば大言壮語にしか思えない世界観を持っている。それを腹の底から実現可能と思っているのだ。すぐに二人は肝胆相照《かんたんあいて》らす仲となり、今後の飛田の活動、全国の下層労働者を組織することに松室も積極的に加担したのである。

松室との出会いで飛田の人生が大きく変わった。というか、この人との出会いがなければ飛田勝造の姿は別のものとなっていただろう。それほど飛田にとって松室との出会いは貴重だった。

それらの端緒が真田秀吉その人だったのである。

第四話　労働史に一石。小河内ダム奮闘記

小河内ダムと日本精神修養道場

小河内ダム建設は飛田が朝鮮から帰った翌年、昭和十一年に請け負った大工事である。発注は東京水道局だが、これは国家的な大事業。当然、内務省等も深く関与するものだ。

事業は五百万人の東京市民が今後、一千万人になろうとも水には困らないようにするという国家的プロジェクトである。だが、その工事は聞くだけでも尻込みする難工事。自動車も入れない山奥に日本一どころか世界で二番目の大きさになる人工湖を造ろうとする計画である。予定地まで道路はない。だから機械は入らない。冬は零下十五度にもなる厳し

い自然環境。その地で殆ど人力での作業が中心となる。大手の建設会社は軒並み参加を渋ったものなのである。

飛田はそれを請けた。請けた原因は水不足に悩む東京市民のためもあるが、それより飛田には信念に満ちた狙いがあった。

この昭和十一年当時、世界恐慌の影響で日本も不況の最中、街には職を失った人が溢れていた。殊に東北地方の農村大不況は凄まじく、家族が食うために娘を売ることなどは日常的になっていた。この年に起きた青年将校の叛乱、二・二六事件は政党政治の打破や資本家の横暴を糺すという大義と同時に、「労働者の困窮を改善すべし」「娘を売らなくては食えない農村の困窮を救え」があったことはよく知られたことだ。それほど酷い不況の時代だった。

飛田組のあった芝浦一帯も悲惨だった。当時の芝浦は沖仲仕、土工など日雇い労務者の街で、そこには食うや食わずの人と荒くれ者が混在、無法なスラム街の様相さえあった。

ちょうどこの年の春、飛田は二・二六事件に連座（とばっちりなのだが）、拘置所に入っていた。そこには罪を犯した男たちでいっぱい。何度も刑務所に出入りしている連中も珍しくない。飛田は彼らをみて、こう感じたのだった。

――この受刑者たち、根っから悪いヤツはいない。食えないから盗みをする。食い物を巡って喧嘩をする。馬鹿なことだが貧乏が罪なのだ。刑を終えてシャバに出ても世間から冷たい目で見られて、差別され、それに反発してまたワルをする。その繰り返しだ。

そして飛田はこう考えた。

――この連中に仕事を与えればいい。やり甲斐のある仕事を与えればいい。仕事は懸命にやる連中だ。まして腕力は強い、足腰も強い。精神面だけ鍛えればよい働き人になる。

――連中をこのままにしておくと世間にワルが増える。それならば、わしと一緒にダム造りの仕事をしよう。この大事業なら何千人だって引き受けられる。連中は仕事に就ける。賃金が貰える。ワルをしなくても生きられる。そして任される仕事が東京市民の生命を救うものだ。やりがいもある。

「よし！　これでいくぞ！」

これが飛田が小河内ダム建設を引き受けた本当の理由である。

飛田は街に溢れる仕事のない労務者や不良たちに声をかけた。芝浦界隈では既に名の知れた飛田で、彼が他の親方のように理不尽なピンハネなどをしない男だと知っていたから、ここでは比較的簡単に数百人は集まった。

　今度は飛田が本当に集めたい前科者と呼ばれる出所者である。これは簡単にはいかない。飛田は免囚保護会（現・保護司会）と交渉した。免囚保護会は出所者の社会復帰が目的だから飛田の申し出は大歓迎だ。ところが肝心の出所者は山の中の飯場で長期の仕事と聞いただけでタコ部屋を連想するのか、みな逃げ腰だった。

　飛田はそんな男たちを数十人ずつ集めた。

「わしは飛田勝造と言う。つい先月まで刑務所のお世話になっていた。それも二回目、わしは前科二犯の男じゃ。この通り全身に唐獅子牡丹の入れ墨が入っているが、わしはヤクザではない。ヤクザの組にも入ったことはない。わしは人夫で沖仲仕だった。今は仲間の人夫が強欲な親方連中に不当なピンハネをされないよう、自分で口入屋を始めた」

と、自分はみんなと同じ立場だ、ということを強調。そして、

「お前たち！　今のままじゃいかんだろう。思い切って自分を変えてみないか。そうすれば人生も変わる。暮らしも変わる。でもなぁ、今の世間や、まして刑務所の中で人間が変われるものではない、なお悪くなるのが関の山だ。どうだ！　おれと一緒に安定した仕事について人間修行をやり直そうじゃないか。この仕事は、東京の五百万市民に飲み水を届ける

意義のある仕事だ。それには、お前たちが必要なのだ！」

と熱弁した。

それを聞く出所者たちは飛田が自分たちと同じ牢屋の飯を食った男であることに加え、飛田の目線は、貧乏で差別されながら生きてきた自分たちと同じ高さであることに気付き、やがて熱心に飛田の話に耳を傾けるようになった。

ことに飛田の言うこの台詞、

「お前たち！　これからも世間の隅っこで冷や飯を食いながら小さくなって生きていくのか、またまた刑務所へ戻って今度は十年もくらい込むのか、他に道はあるんかい？　ないだろう？　そんなもの周りの仲間をみれば誰だって分かる。おれと一緒に十年苦労してみないか。人生が変わるぜ！」

そして何よりの殺し文句は、「お前たちが必要なのだ」だった。

他人にも世間にも必要とされていないと思い込んでいた彼らにとって、「お前たちが必要だ」の一言は何より琴線に響いたのである。

飛田の言葉が彼らの心にしっかりと届く力があるのには理由がある。

飛田がやりたい事は小河内ダム工事ではない。ダム建設で利益を得ることではない。

今、目の前にいる出所者や労務者に仕事を与えて人並みの暮らしをさせたい。それが本心なのだ。ダム工事はその為のいわば方策、手段なのである。

通常の常識では理解しがたい飛田のそんな思いを、彼らは素直に受け入れられるのだ。なぜなら、今まで世の底辺に生き、強者にやむを得ず従ってきた彼らは、対面する人間が自分をどう見ているのか、自分をどうしようとしているのかを本能的に判断できるからだ。もっとあからさまに言えば、彼らが今まで他人から浴びてきた言葉、浴びてきた視線のほとんど全部は差別、蔑視、軽蔑の類いである。だから滅多に遇うことのない愛のある言葉には素直に反応し受け入れられるのである。

彼らは飛田の言葉に嘘偽りのない愛を感じたのであった。

結果、飛田の下に六七〇名の男たちが集まった。それは飛田と共に十年間、奥多摩の山中で暮らす覚悟ができた男たちだ。一行は小河内ダムの建設予定地である奥多摩の山中に向かったのである。

小河内の山に着いた日、飛田は全員を集め、こう檄を飛ばした。

「こんな山奥まで、よく俺について来てくれた。これから十年、俺と一緒に懲役をくらっ

小河内ダム工事現場での朝礼　服装はバラバラだが統制は取れているようだ

たと思って、この小河内の山にこもってくれ。ただ言っておくが、ムショに十年いて満期出所したって何もない。もとのヤサグレに戻るだけだ。だが、この十年は違うぞ。ネをあげず頑張ってくれれば、たんまり銭も持たす。そうしたら借家の一軒も借りて女房も持てるだろう。かわいい子もできるだろう。その日からお前たちは普通の町の衆だ」

そして、

「きょうからお前たちを労士と呼ぶ。土方でも人足でもない、労士だ。労士の士は武士の士であるっ！　きょうより武士の気概を持って精神修養をして人間を磨き、東京市民が水に困らないような立派なダム造りの作業にあたってくれ！」

飛田は荒くれ者六七〇人を統率する手段は軍隊式

しかないと考えた。昭和初期のこの時代、誰もが子供の頃は兵隊さんごっこで遊び、勇ましい兵隊さんは憧れでもあった。だから「軍隊の規律」は一から教えなくとも、みんなはそれなりに理解している。軍律は絶対で服従するものと思っている。民間にまで浸透したこの観念を利用するのが何よりだと考えたのだ。

但し、飛田は軍隊式の命令一本槍のやり方は大嫌いだ。軍隊時代、階級差を笠に着た無茶苦茶な上意下達に反発して上官に手をあげて、営倉入りも何度かしているほどだ。だから軍隊の規律は大切にするが不条理な上意下達は絶対にしない。まずは話して、納得させてからの規律とした。

また、荒くれ者六七〇人は社会のはみ出し者が多い。つまり一般社会の常識でなく、ヤクザ世界の常識の方が飲み込みが早いのだ。飛田は「仁義の精神」を軍隊式規律に加えたのである。具体的にはこうだ。六七〇名を十一班に分けて、それぞれ班長、副班長を置いた。一班に五、六十名は軍隊で言えば小隊規模。班長は小隊長、副班長は分隊長である。この班は、工事現場の受け持ち作業も一緒、労働時間以外の暮らしも一緒にした。そうすることにより自ずから仲間意識が育つ。そこに、弱い者を助ける、落ちこぼれそうな者を助けることを強く促した。

「弱いものを助ける、それを任侠と言う。弱いものを助ける、それが仁義なのだ。人間にとって一番大切なものは任侠の精神、仁義の心だ」

飛田は毎朝、毎日、そう説いていた。

飛田がダム工事の前に取りかかったのが宿舎。そしてその建物を「日本精神修養導場」と名付けた。道場ではなく導場。ここに飛田の意志が明確にみえる。六七〇人は作業と同時に精神の鍛錬を始めたのだった。

「道場ではなく導場」でちょっと脱線。

明治から昭和にかけて三十年に亘り一万五千人もの社会的弱者を救済した榊原弱者救済所が愛知県半田市の丘陵部にあった。救済所に収容されている人は、孤児、捨て子、老病者、帰る家のない女性、帰る家のない出獄者等である。彼ら彼女らは世間では差別され蔑視されていたのだが、救済所ではそんなものはなく、まさにここは「幸せの村」だった。

救済所の主宰者は榊原亀三郎。彼は青年期、七十人もの子分をもつ「べっ甲亀」という侠客だった。侠客の足を洗って歴史的な社会事業を成したのだが、彼が採った手法と飛田勝造のそれはよく似ている。

亀三郎は救済所の収容者に施す「精神的覚醒」を宗教に頼った。救済所にはお堂や神社など宗教施設をいくつも造り、参拝させた。そして広い運動場は運道場と名付け、身体とともに心を鍛える所と説いた。

飛田が下層労働者たちに対する「精神的覚醒」の手段は、皇室、御国への忠義。それに「仁義」である。そして、精神を修養する場を道場ではなく導場と名付けた。

亀三郎は宗教、飛田は皇室神道。その違いこそあれ仲間達を導く手法は同じである。他にも二人は共に青年期にはワルだった共通点も興味深い。そして共に厳しい苦難があったが、最終的には驚くほど大勢の弱者を社会復帰させている。

飛田は亀三郎の社会事業を知るはずもないが、多くの共通点を見比べながら、何か不思議な、目には見えない縁を感じるのである。（『幸せの風を求めて 榊原弱者救済所』西まさる著（新葉館出版）より）

さて、労士達の日課は次の通りだ。

朝五時、奥多摩の山間にラッパが喨々《りょうりょう》と鳴り渡る。起床ラッパである。これを合図に全員起床、洗顔をすませて朝食。白い飯、味噌汁、沢庵。飯や汁はおかわり自由。日によっては納豆や目刺しも出た。朝食はこの程度だが夕食はかなりのご馳走が出る。

「食う物だけは上等なものを食わす」。これは飛田の約束でもある。

「人間、腹が減るとイライラして何でもないことにも不満を持つ。しなくていい喧嘩もしてしまう。ここは遊びも何もない山奥だ。せめて上等な物を食ってもらおう。上等なものを食うと人間は心に余裕ができる。心が豊かになるのだ。それに山中の労働は厳しいものだ。飯ぐらいしっかり食っておかなきゃ身が持たん」

飛田は数日に一度、トラックを東京の市場へ走らせて新鮮な魚貝や野菜を仕入れさせていた。

宿舎から工事現場へ向かう一行。ラッパの音に合わせての行進だった。この道も山際を切り拓き造ったもの。道が出来る前は崖を伝って歩いた

朝食後、六時。全員が導場前に集合。日の昇る東の方向を向いて整列。「君が代」を大きな声で歌う。そして飛田の講話。毎朝の講話は、「われわれは日本人だ！」、「時間を守る、約束を守る、仲間を裏切らない！」、「弱いものを助けろ。それが任侠だ！」、「お前たちは労士だ！」に尽きるものだった。

講話後、進軍ラッパが鳴り響く。一同、ラッパの音に合わせ、隊列を組んで現場へと向かうのである。宿舎からダム工事現場まで二キロほど。その間、隊列を鼓舞するようにラッパが鳴り続ける。七時には現場に到着。一日の仕事が始まる。終わるのは冬は夕方五時、夏は六時である。宿舎に帰ると上等の夕食が待っている。そんな一日である。

雑木林の開墾の様子。後ろに切り立った崖がダムの壁になる

労士たちのために飛田は日本精神修養導場なりのルールを作った。

給金は全額天引き預金とし、飯場の中では現金の使用を禁止。代用貨幣を用いた。これにより無駄使いを抑えた。もとより中間搾取もない世間並以上の賃金ベースなのだから労士たちの貯金残高はみるみる増えていた。当初は不満を言う者もいたが自分の貯金残高を聞くと誰もがこの制度に納得した。

「どうだ！　この短い期間でお前たちの貯金はしっかり出来たろう。このまま俺との約束通り十年がんばったら、この金額の十倍、いや貯金には利息というものがあるから十五倍にもなるぞ！　それを持って故郷の町に帰るんだ」

労士たちがどんどん本気になってきた。

働くための娯楽も提供した。

働くばかりの飯場じゃいけない。長く続かない。そんなことは労士たちと同じく労務者だった飛田はよく知っている。飛田は亀戸や芝浦から酒場や遊郭の女を連れて来て、飯場から遠くない所に、ちょっとした飲み屋やバー、汁粉屋の店を持たせた。開店資金は飛田組が出したが店の経営はすべて女性に任せ、以降、飛田組はノータッチとした。店には男たちの要求を拒まない女性もいた。労士たちのささやかな楽しみの場所である。ここの支払いも代用貨幣オンリーとした。

毎日聞かされる飛田の言葉に現実の裏付けもあって、男たちは飛田を人生で初めて出会った本当の親方と思うようになっていたのである。

こうして一年半が経った。

導場の男たちは活き活きと働き、小河内ダム建設は順調に進捗していた。

小河内へ通じる道路も出来た。道路を通すトンネルも完成。小河内湖へは重機も入れられるようになった。ここに誰もが不可能に近いと思っていた日本一の人造湖造りは現実のものとなってきたのであった。

それを見て、誰より驚いたのが大手の建設会社である。小河内ダム建設計画の発足当初、これは無理だとまったく逃げ腰だった建設会社が、この工事は出来ると分かったのだ。そして自分たちに建設工事をさせろと、東京市に圧力にも似た申し入れをしてきたのである。そこには有力国会議員や東京市議の顔も見えた。

東京水道局にしても、一旦、飛田組に発注して進捗中の工事を簡単には取り戻せるはずもない。第一、飛田が承知するはずもない。むろん、飛田は「馬鹿言うな、止めるもんか」であった。

そこに思わぬことが起こった。

小河内村の村民が突然、東京市に立ち退き補償の再交渉を求めてきたのだ。それは村民の意思なのか誰かにそそのかされてなのかは分からないが、ともあれ村民が「再交渉を」と声をあげたのである。

何を今更、と言いたいが、東京市にも大きな落ち度はあったのだ。

『小河内村報告書』（昭和十六年十二月　小河内村役場発行）によると、昭和六年に小河内貯水池計画が発表され、東京市が小河内村に協力を要請してきた。当初、村民の殆どは先祖伝来の家や田畑、山林を放棄することには大反対だった。しかし東京市は「六百万東京市民の命の水を確保したい」と懇願した。

当時の村長、小澤市平は村人を集めてこう力説した。

「軍役に服して、敵弾を噛み、天皇陛下萬歳を叫んで名誉の戦死を遂げるのも国のためだ。我が村は今、幾百万の市民の生命を護る水のために犠牲になろうとするのだ。将兵が国のために尽くすも、村民が社会公共に尽くすも同じこと。一村が湖底に沈むことで帝都が救われるのなら光栄なことではないか！」

この時代ならではの「御国のため、帝都のため」の殺し文句に村民は折れて移住を決意したのであった。同年、小河内村の村議会はこれら立ち退き案件を決議した。

昭和七年測量開始。昭和八年、村民は各方面に移住先を物色する。しかしダム建設工事は始まらない。東京市は村民の移住先やその手当もしていない。昭和九年、十年になってもその状況は変わらなかった。

村民は移住する覚悟で指示を待っているのだから現在地の耕作も種まきも殖林もしていない。放棄すると決まっている田畑の耕作などしないのは当然である。そうして数年。収穫はない補償金も入らない。村民の生活はたちまち困窮。借金まみれになる家が続出した。苦し紛れに土地を売ろうとしても湖底に沈む土地など、まともな人間が買うわけはない。先々の補償金目当ての悪徳業者が買い叩いてくるのが関の山だった。

しかし東京市の態度は冷淡だった。そこで村は大陳情団を結成、市や国に抗議。『受難の小河内』も刊行し世間にも訴えたのである。

以上は『小河内村報告書』からの抜粋である。同書は小河内村が発行した報告書だから被害者の立場で綴られているもので偏りもあろう。しかし、三〇四ページもの分厚い報告書が通して訴えているのは「東京府・市の冷淡な対応の実態」であった。

東京市、東京府側の言い分も書いておく。

昭和六年、東京府は小河内村を説得、全村立ち退きを村議会での承諾は得た。そして土地収用法に基づき対象の全世帯に立ち退きを要請。内諾はとった。そして法に則り補償金額を明記した契約をして東京府議会の承認も得た。契約通りの前渡金も支払った。それを後になって補償金を増額しろ、さらに前渡金を、と言われても府では対応のしようがない——、である。

府のその言い分はもっとものようだが、それは工事が計画年月通りに順調にいってのことである。契約から四年も五年も移転を待たされ、湖底の村に放置されるなどとは村民はまったく考えていない。村民は耕作もせず無収入。移転先も未定の状態なのである。

府のもうひとつの言い訳は、今回の小河内ダム建設工事のような大規模な立ち退き事案は日本で初めてのこと。踏襲すべき前例がなく、検討に時間がかかり手順が後手に回ってしまった、と言うもの。

さらに小河内人造湖は東京府ばかりでなく山梨県にも及ぶもので、立ち退きは山梨県丹波山村、小菅村も対象である。したがって他県との調整も簡単でなかった。さらには多摩川下流の二ケ領用水組合からの突然のクレームもあり、その解消にも数年を要した。

このように東京府の言い分は前例がない、法整備が不足、というものである。ともあれ、総計六百戸、三千余人は移転代替地の手当もされず補償金の前渡しもされず困窮の一途を辿っていたのである。

もたもたとしているうちに大新聞が書き出した。容赦のない建設工事の現状非難と村への同情記事である。これを大手建設会社の差し金とは思いたくないが、工事着工より一年半も経ってのことである。誰かが小河内村をけしかけ、同時に新聞にリークした。そう思われても仕方のない突然の大騒ぎの勃発であった。

東京市は村民を懸命に説得し、移転先の青写真も示し、ある程度村民の理解は得られた。しかし世間は、東京市が村民をいじめる権力横暴的な構図を連想し、勧善懲悪の機運さえ生まれていた。

新聞の見出しはこう躍った。

「湖底に沈む村よ」、「湖底の村を行く　水なき貯水池に喘ぐ五千人」、「昭和哀史の一ページ　小河内村は何処へ」

さらには人気作家の石川達三が小説『日陰の村』を悲劇的に書いた。また、人気歌手の東海林太郎が『湖底の故郷』（作詞・島田磐也、作曲・鈴木武男）と題し、「♪さらば湖底のふるさとよ〜♪」と朗々と歌いあげた。

こうなると悪い役人とかわいそうな村民の図柄は完全に固定してしまった。東京市民は自分たちが必要とする水であることなど棚に上げて、ダム湖に沈む村と村民にさらに同情を深めたのである。

そして大手の新聞が、飛田の日本精神修養導場を「東京府の片隅に北海道でもどうかと思われるタコ部屋がある」と書いた。勿論、飛田の導場を取材しての記事ではない。想像による捏造である。記事は辛辣だ。

――「タコ部屋にいるのは殆どが前科者の寄せ集めで監獄みたいに固めている。そして怖い搾取と専制が布かれ、続出する脱走者を片っ端からリンチして殺生与奪の絶対権まで握っている」

さらに、

――「東京市の直営工事ともあろうものが、何故こう云う陰惨なタコ部屋制度の上に、世紀的な大工事を進めなければならないのか、不思議な事にはその責任者である東京市の水道局も、一言の弁解をしようともしない」

この新聞記事を読んだ市民がどんな感情を持ったかは言うまでもない。世論は、「前科者の寄せ集めの怖いタコ部屋」、「タコ部屋の鬼のような支配者」、「その支配者が怖くて怖くて口を出せない東京市」に一気に傾いた。飛田はすっかり鬼のような悪徳土木業者にさせられていたのだ。

そして世論は、我々の大切な飲み水を得るための東京市の大工事なら、大手のちゃんとした会社にやらせるべきだ、の理屈に結びついていった。記事は今で言うフェイクニュースなのだが活字の力は強烈。思う以上に世論を誘導していったのであった。

建設会社は圧力をかけて来る。世論には責められる。そんな世論の風を背に政治家も東京府・市を責める。東京府は困った。何とか妥協策を探し出し、事を沈静化しようとするのだが、小河内ダム建設の責任者、小野基樹建設事務所長は頑強に中止や妥協を拒否する。「このダムは増え続ける東京市民の飲み水を確保する大切なもの。工事を中断すれば完成が十年遅れる。東京の水不足が深刻なことは分かっているはずだ。それに今回の横槍は工事の中止を求めているのじゃなく、大手が自分の会社に工事をさせろという商業エゴ的な要求なのもわかっている。計画当初は誰も手を挙げなかったこの工事だが、危険を承知で引き受けてくれた飛田組に今更手を引けとは言えない」

と小野は言い続けた。

実際、小河内ダムの建設予定地は奥多摩の山中、秘境ともいえる場所である。その山中の谷を堰き止め人工湖を造るのである。秘境までは道もない。労働者たちは大きな荷を担いで、藪を分け崖を這うように登り、少しずつ少しずつ道を造り、ようやくダムの建設予定地に辿り着いたのだ。ここまで一年半かかった。道路ができれば自動車が通う。後は誰でもできる工事だ。

小野は、「ここまでがダム工事の難関なのだ。難関を越えさせてくれた飛田組を切るわけにはいかない」と強硬だった。

市は妥協しない小野を大手建設会社や新聞社の窓口から外すことにした。さらには市の方針に副わないこともあって役所からも遠ざけることとした。そして、何やかやと理由をつけて自宅待機にしてしまった。実質的な謹慎処分である。

この状況は飛田の心を痛めた。小野とは彼が水道局の拡張課長時代からの懇意であり、飛田は小野の根っからの技術屋魂に畏敬の念さえ持っていた。今回の小河内ダム工事も小野が建設所長に栄進するのを応援したい気持ちに加え、飛田がその工事で大勢の前科者を使うことを小野が理解してくれたからこそ、十年もの工事に取り組んだという経緯がある。

対する小野も飛田の下層労働者を救済、保護するという遠大な理想を理解し、飛田の竹を割ったような性格に惚れ込んでいたのである。


まず飛田は新聞社に単身乗り込んだ。

「お前さんたちは記事を書くのが商売だ。新聞も売らなきゃいけないだろう。それは分かる。しかし書くんだったら、ちっとは本当のことを書いてくれ。一度も現場に来ない、一度も俺を訪ねて来ない。これで真実の記事が書けるのかい。毎朝届く新聞はそんなにいい加減な記事ばかりなのかい」

飛田は雄弁である。彼の言葉は聞き手の心に刺さる鋭さがある。

「確かに飯場には前科者が五百人もいる。その前科者がこの山の中で、もう一年半も辛い肉体労働を続けているんだ。あいつらは自分たちの辛い労働が、東京市民が水に困らないようになるための仕事だ。こんな汚くて辛い仕事は俺たちしかできない。そう思って汗水垂らして働いているんだ。世間様の下働き。世間様のため。せめて、そんな誇りを持たなくちゃ、やっていられない重労働だよ。

ここ一年で二十人や三十人、ケツを割って山を逃げ出した奴もいた。そいつらはろくな暮らしはしていない。今頃も焼酎をくらって道端で寝ているか、悪さをしているかだろう。しかしなぁ、残りの全員は小河内の山の中で東京市民のためと思って働いているんだ。頭の良い記者さんなら分かるだろう。もし山にいる五百人を街中に放り出したら、さてさて誰があいつらを纏め、誰があいつらに悪をさせないことができるんだい。

それにだよ、前科者は必ずまた犯罪を犯すのかい？　前科者になりたくて犯罪を犯すのかい？　違うだろう。どんな馬鹿だって犯罪なんか犯さず真面《まとも》に生きていたいに決まっている。だからだよ！　悪さをしない環境、犯罪は割りに会わないと分かる環境にいれば前科者だって自然に真人間になるんだ。どうだい記者さん、前科者が真人間になる、そんな環境を取材したくないかい。やっておいでよ。それが小河内の俺の導場だ。日本精神修養導場だよ」

飛田は日本精神修養導場のこと、工事現場の労働環境のこと、そして全国の下層労働者の現状を蕩々と話した。

最初は飛田を警戒して半身に構えていた記者もだんだんと彼の話に引き込まれた。そして聞き耳を立てていた部屋中の記者たちが次々と集まってきて、輪をなして飛田の話に聞き入ったのであった。

僅か二、三十分のこと。記者にとって飛田の話す内容にも惹かれるが、それ以上に、飛田のまさに、弱きを助け強きを挫く、高い理念と胸のすくような爽快な人柄に魅了されていくのであった。

この日以降、新聞は非難じみた記事は一切書かなくなった。

しかし事態が治まったわけではない。一度火のついた世論は簡単には消えることはない。訳もわからずに「前科者の集団」を容赦なく叩き続けた。

そして、一般市民がわざわざ山にまで来て導場の様子を遠巻きに見ている。怖いもの見たさのその目は導場の男たちがもっとも嫌う蔑視の眼差しである。

東京市もそんな世論の風潮を恐れた。何とか役所への非難をかわしたい魂胆から、飛田の率いる労務者たち、すなわち前科者の集団を下山させる提案を飛田にしたのである。分かりやすく言えば、「飛田さんは今の労務者たちを全員解雇してほしい。そして新しく別の労務者を雇い、大手建設会社の指揮下に入って引き続きこの工事に従事してほしい。あなたには利益が残る。悪い話ではないでしょう」、という提案である。

もとより飛田は自己の利益を得るのが目的でこの工事を請け負い、小河内に来たわけではない。日本精神修養導場とここにいる男たちが大切なのである。市の提案など受け入れられるはずがない。

飛田は提案を拒否した。

工事は止まった。

親方が困っている。世間は俺たちを蔑視している。東京市は俺たちを山から追い出そうとしている。そんな状況を導場の男たちが知らないはずはない。

「よし！　こうなったら出入りだ。みんな！　道具を用意しろ！　親方のためにもここは命の掛けどころだ！」

誰ともなくそんな声が起きる。檄が飛び交った。導場は騒然となった。

鉄の棒を刀の長さに切ってずらりと並べる。鳶口《とびくち》や鍬も武器になる。五百人の多くはそれこそ昔取った杵柄《きねづか》だ。中には「虚無僧の竜」や「殺し屋の慶」ら、この道では知らない者はいないプロ中のプロもいる。たちまち喧嘩支度がととのった。

「どんなことがあっても親方の導場は守るぞ！　山は絶対に降りないぞ！」

男たちの意気は軒昂《けんこう》であった。

そんな導場の様子を知ってか知らずか東京市と大手建設会社は飛田を呼び出し、先ほどの提案の具体化として新しい人夫集団のリーダーを紹介した。「この男と協力して作業をしてくれ」という意味である。

飛田はあきれかえった。机をドンと叩くと、「後はどうなっても知らないぞ！」と言って席を立ち、山に帰っていった。

小河内の導場では喧嘩支度を済ませた五百数十人の男たちが結集していた。二年前まではまるで繋がりのない男たちなのだが、今は一丸となって飛田の指示を待つ姿勢となっている。以前ならてんでんバラバラ、好き勝手に行動しただろうが今はまったく違う。彼らには「仁義」の心が育っていたのである。

さて、どうしよう。飛田が一瞬悩んだ。

「五百人を率いてここに立て籠もるのもよし。食料も十分ある。この五百人の籠城を破ろうとすれば警察官の二、三千人も要る。土方と警官の正面衝突で何百人も怪我人が出る。世間はさぞ面白がるだろうが、東京の役人にそんな決断が出来る訳はない」

「しかし、この喧嘩に勝っても負けても世論は俺たちを悪者にして責めるだろう。するとここの仲間たちは、またまた世間で厄介者にされてしまう。これは避けなければいかん」

飛田の悩みはほんの一瞬、とるべき道は一つだった。

結論を急ぐ。

飛田は東京府にこう通告した。

——今、小河内の現場にいる五百数十人の男たちは何の罪も犯していない。作業上のミスもない。それどころか立派に職務を遂行している。それを東京府は強引に解雇しようとしているのだ。彼らは仕事を続けたいと山に残っている。それを排除しようとすれば彼らは小河内に籠城するだろう。その籠城を崩す行動を府がとったなら、これまで造った道やトンネルを破壊するかもしれない。そんなことになれば東京府は責任のとりようもない事態になる。このまま我々に工事を続けさせろ——。

東京府は現場と導場に担当の役人を差し向けて状況を確認した。

担当者はまず工事現場の事務所近くに行き、遠くから望遠鏡でのぞき見た。そこには役人の想像を超える光景があった。

現場事務所は鉄棒や鳶口で武装した男たちが完全に占拠していた。机には握り飯が山と置かれ、焼酎も菓子も積み上げられていた。焼酎がふんだんにあるとはいえ泥酔する者などおらず、きちんと統制がとれていることは遠くからでも分かる。それに驚くことに床にはダイナマイトの箱が蓋を開けられた状態で何十箱も積まれていた。

――まるで野戦の陣地じゃないか。

役人がそう思った瞬間、ドカン！　ドドッ！　と耳をつんざく爆発音だ。

役人達のすぐ側の山腹から夥しい土砂が白煙とともに吹き上げた。発破である。役人は腰が抜け、息が止まった。

東京府の役人が偵察に来ることなど労士達は想定済み。見張りを出して役人が山に入った時からその足取りは抜かることなく掴んでいる。そして、頃合いをみてダイナマイトを一発お見舞いしてやれ、だったのだ。

ドドッ　ドカン！

役人は腰が抜けて動けない。

「ワッハッハ〜」。現場事務所から労士達の大きな大きな笑い声が響いた。

府庁に帰った担当者はありのままを報告した。

「虚無僧の竜」や「殺し屋の慶」ら名の売れた殺し屋が飛田の子分としてそこにいることも役人を怖がらせる効果は充分にあった。

解決を迫られた東京府は飛田を呼び出し、最も穏便な方法をとってきた。それは飛田の想定通りでもあった。

東京府の提案は、「和解金五万円で現場を円満に引き渡してほしい」である。

飛田は怒鳴り上げた。

「とんでもない！」

「金で解決するのなら五十万円だ。すぐに出せ！」

当時の小学校教員の給与が四十五円〜五十円。五十万円なら教員一万人超の月給の額。令和の今なら三十億円以上にもなる。吹っかけたものだ。そこから、ああだこうだとなって、結局は十二万五千円の和解金で決着した。

和解金十二万五千円は東京府振り出しの小切手で渡されたが飛田はそれを拒否、全額を現金、それも十円札、一円札など小額紙幣で支払わせた。その大量の札束をトラックの荷台に積み込み、府庁から小河内の導場まで戻ってきたのである。

飛田は五百余人の男たちを説得した。中には山に残って一戦交えなくては男が廃ると愚図る男もいたが、飛田は頭を下げてまでなだめた。

納得した五百余人。その彼らの目の前に横付けされたのはトラック。荷台には十二万五千円の札束が積み上げられていた。

それを指差して飛田は、

「どうだ。真面目に働けばこんな大金だって手に入るのだ。これはお上がくださった金だ。いわば東京府民の金だ。これからこの金をみんなに平等に分ける。ここに残って新しい雇い主の下で働くもよし。金を持って山を下りて地道に暮らすもよし。自分で決断しろ。そして遠からず俺が次の仕事を見つけてくるから、また、みんな一緒に働こうぜ！」

導場にどっと歓声があがった。

和解金は飛田の言葉の通り平等に分配した。十二万五千円を単純に五百人で割ると、一人二五〇円になる。前述の教員の給与で勘案すると五ケ月分の月給。今なら一五〇万円見当だろうか。労士たちはその離職金と自分自身の給与からの天引き預金を持って山を下りることができた。

彼らの手にのっている大金は彼ら自身の汗が生み出したきれいな金だ。さらに彼らは金銭には替え難い、「精神的覚醒」と「労士魂」を手に入れていたのである。この小河内の労士達が後々も飛田の活動のまさに中核となっていったのである。飛田の方もしかり。小河内で人材という大変な宝物を掌中にしたのである。

追われるように山を下りる飛田を呼び止める男がいた。建設事務所の技師、亀田素である。

「飛田さん、ご苦労さまでした。もっと一緒に仕事をしたかったが…。無念です。飛田さん、これを持って行ってください」

「これは礎石《そせき》じゃないですか。こんな大切なものを…、わしにくださる」

「はい。この礎石は小河内ダムの基礎中の基礎です。ですからこれは飛田さんがお持ちになるべきです」

礎石とは建造物の土台として据える石。基礎、礎《いしずえ》ともいい、建造物の物理的な中心物であり、同時に建設の精神的な中心にも据える大切なものである。ビルなどの建設に際して定礎式などの式典があるが、それはこの礎石を中心になされるものだ。

礎石を手渡されて飛田は言葉に詰まるほどに感激した。なぜなら東京市のトップとは大喧嘩をしたが、現場を預かる技術者は飛田達の仕事をしっかりと認めてくれていたことが分かったからである。涙など流したことのない飛田であるが、その目は潤んでいた。

さらに思わぬご褒美があった。飛田が前科のある人達を立派に使った実績を賞賛した司法省が飛田に司法保護委員（現保護

上の写真には飛田の自筆の添え書き、「昭和13年小河内を去るに当たり、亀田素氏より№8の礎石を贈られる」。山を去る当時の光景も興味深い。

司）への就任を要請してきたのだ。

見るべき人はちゃんと見ていたのである。飛田にとってこれも嬉しい出来事であった。

後年、扶桑会の第一回総会（昭和十九年二月二十六日）の会長挨拶で飛田はこう述べていた。

「今日の扶桑会の会員の基礎となっているのは小河内貯水池工事で勤務してくれた労士達であります。小河内は思わぬ障害があり山を去ったのですが、私が山を去る時、これまでの工事の進捗ぶり、特に労士諸君の勤労ぶりを記録しようと写真に撮っていますので後でご披露します」

そして、こう続けた。

「当時、このフィルムを一本買うのに十七円でした。フィルムが二本あると全部撮れるんだけど、情けないことに二本買う余裕がなかった。三十四円の金がなかった。みな仕事につぎ込んでしまって借金ばかりでありました。そんな私に金を貸してくれる人もいない。その苦しい中で工面して買った一本のフィルムで撮った当時の労士諸君であります」

小河内の山を下りる飛田は三十四円の余裕もなかったのだ。和解金は飛田も含めて平等に分けたはずだが、飛田は何やかやと部下に気を遣い周囲に気を遣い、手許が空っぽだったようだ。いかにも飛田らしい。

そして飛田と日本精神修養導場の小河内での活動は終わったのである。奥多摩の山々が抜けるような緑に包まれていた昭和十三年初夏のことであった。

小河内ダム建設余話・村民の困窮

山を下りた飛田は意外な事実を知って愕然とした。それは小河内村民たちの筆舌に尽くしがたい困窮の日々であった

飛田が初めて小河内に入ったのは昭和十二年一月である。その時は既に東京府と小河内村との間は紛糾に近い状態だった。飛田もそれを知り、小河内村役場まで出向き、現状を尋ねたことがあった。その時に応対した村の幹部は、「東京府の事情や山梨県との関係もあり、工事の着工が遅れているが早急に解決するので待ってほしいとの連絡が府からあった。こちらも困ることは困るが、待つしかない。辛抱する」と答えた。また、小澤村長からは「府から遅くとも一年以内に解決するとの連絡をもらっている」との話もあった。

飛田はこれらを額面通りに受け取って工事に着手した。だが、訊いた相手が悪かったのだ。飛田に応対したのは村の幹部や村議。彼らは工事推進派であり、大なり小なりの土地を持つ地主である。地主は多少の蓄えもあるし土地を担保に金融機関から借り入れもできる。補償金が入るまで三年が五年でも辛抱はできるのだ。

ところが村人の大部分は小作人。小作人はそうはいかない。もともと蓄えはない。耕作したくとも収穫の時期にはこの地が湖底になっている予定なのだから無意味だ。それに籾も種もない。籾や種を買う金もない。

小河内村の主な産業は、木炭、林業、養蚕である。山林の多くはダムの堤防になるので入山禁止。入れない。木炭、林業という最大の収入源が半減した。養蚕も同様だ。山間部では貴重な平地だった桑畑が真っ先に接収されて建設事務所や宿舎の用地にされてしまった。桑畑がない。桑の葉がなければ蚕は飼えない。養蚕業は壊滅に近い状態になった。

村からの支援金も五月雨式にあるが、そんなもの焼け石に水だった。

食えなくなった小作人は借金するしかないのだが、食えない貧農に金を貸す金融機関はない。そこで暗躍したのが高利貸しだ。最初は気持ちよくぽんと金を貸す高利貸し。だがそれが破綻の始まり。最初は月五分程度の金利で貸すが、後はだんだん高利貸しのペースになり、二年も経つと利息は元金を超え、がっちりと借り手の首を締めてしまっている。わずかな耕作地や家財道具はとられる。娘は売り飛ばす。それでも足りず満州開拓団や八ケ岳山麓の開拓団に参加せざるを得ない人も多く出た。さらには小河内村を捨て、家を捨て、夜逃げをする人も出てくる始末だ。

小河内村はとんでもなく悲惨な状態になっていたのである。

飛田は後悔した。心底、後悔した。

「俺が下層労働者を助けようと彼らを連れて小河内の山に入った。結果、中途半端だが弱い者を少しは助けることは出来た。でもその裏で何千人もの小河内の村人を苦しめてしまった。下層階級に落としてしまった。弱い者をつくってしまった。これでは何をしたのか分からない」

この日より飛田は小河内村の村民の救済が、もう一つのライフワークになったのである。

飛田が撤退した後も小河内村の悲惨は続いていた。

昭和十三年（1938）、夏が過ぎてもダム建設も村民の移住も始まらない。府から補償金の内金が時々来るが、総額五万円程度では三千人の村民には何の足しにもならない。「このままでは首をくくるしかない」という村民に東京府は、「ブラジルへ移住する気があるなら手続きをする」と言ってきたのだ。村民たちは「今度は外国へ厄介払いかい」と怒る気力さえ失せていた。そんな情況であった。

当初は辛抱していた地主や土地持ち農家にも限界が来た。土地を担保に借金するようになった。すると売り手と買い手の原理。小河内の土地の評価額はどんどんと落下した。評価額が下がるので担保価値も下がる。つまり余計な借金をする羽目になってしまう。この借金の返済はもとより補償金が頼りなのだから、補償金の支給が遅れれば返済は遅れる。利息はかさむ。ついには返済も滞る。可哀想だがそれが必然だ。小河内の田畑や山林は相次ぐ担保流れで名義がどんどん変更されていったのである。

昭和六年に村民の所有地は四四五七町歩《ちょうぶ》あったが昭和十三年にはその半分になっていたのである。

困窮は村役場も同様だった。税収はまるでないのに生活困窮家庭への援助や貸し付けは多額となる。貸付金の返済はほとんどなく焦げ付きばかり。村の金庫は空っぽになった。そして深刻な事態も起きた。村立小学校の教員が辞めていくのだ。給与の遅配が原因である。このままでは教師のいない学校になってしまう。

小河内村は村議、村民が大挙して、国へ、府へ、市へと陳情を繰り返した。それは小澤市平村長を先頭にしたむしろ旗を立てた一揆にも似た抗議であった。

その成果もあり、また、「小河内を救え」の世論の後押しもあって昭和十三年十一月にようやく工事着工への府議会の議決も済み、地鎮祭へと進んだのであった。

ここで、めでたしめでたしとなれば良かったのだが、そうはいかなかった。

東京府が提示した土地買収価格は、宅地は坪七円八十九銭五厘、山林耕地が坪三十八銭というありえないほど低い提示額であった。村民が移住予定の三多摩地方の土地価格は宅地で坪十円、山林で四十五銭。いくら安くともそれくらいはする。だから今後、三多摩地区に移住して家や山林を買おうにも、すでに資金不足は明白なのだ。移住すらできない。

東京府が村民に立ち退きを要求した補償金としては、まるでまるで無茶な金額だった。この日ばかりを頼りに待っていた村民の期待は見事に裏切られたのである。村民は呆然として涙も出ない。この無茶な金額に抗議して小澤村長らは、府へ、市へと陳情した。しかしその陳情により引き上げられた金額の大方は、小河内の土地を担保流れで手に入れた高利貸しや安く買い叩いた土地で補償金を当て込む悪徳不動産業者の利益になってしまった。高利貸しや不動産業者はニタニタしながら村長や村民の抗議活動をみていたのである。

飛田は小河内村民のこの惨状を黙って見てはいられない。東京府庁や東京市役所に出向き、懸命に折衝した。しかし今は小河内ダム工事とは何の関係もない飛田である。力になることなど不可能だった。

小河内ダム建設は飛田組撤退関連のトラブル、さらには戦争の影響もあり昭和十七年で工事は中断した。そして終戦後の昭和二十三年に工事再開、昭和三十二年十一月に完工した。最終的な立ち退きは九四五世帯。そして現在も大東京、一二〇〇万都民の水瓶として立派に役目を果たしている。

村を奪われた人を助け、奥多摩を守る決意

ダムは完成した。ところが飛田の心は晴れない。

「小河内村民にはとんだ迷惑を掛けた。すまない。せめて移住後の生活環境の改善に及ばずながら力を注ぐ」

と様々な動きをしたのであった。

分かりやすい例があった。

飛田が提言する事業計画書があった。飛田が提言、即ち、飛田がやりたい事業はほとんどが実現可能。そのからくりは後で述べるが、計画一覧表は「東山構想14事業について」と題されるものだ。

その一番は「御岳隧道」、二番は「万寿峠の満地隧道」、三番は「上川乗隧道」である。どれもが奥多摩湖、檜原《ひのはら》村に通じるトンネルである。これが出来ると、従来、山の坂道を大回りしていたのをトンネルを通って直線的に行ける。村は便利になり活性化にも繋がる――。

これは勿論だが、この程度のことを飛田は考えていたのではない。

飛田は「大多摩観光施設協会」を創立、自ら理事長に就任した。多摩を新しく大きな観光地にするのが目的である。観光地への道路や橋、さらには温泉施設などを整備する。そして「奥多摩国立公園」の設定に奔走した。奥多摩の自然を守り、そのブランド力を高め

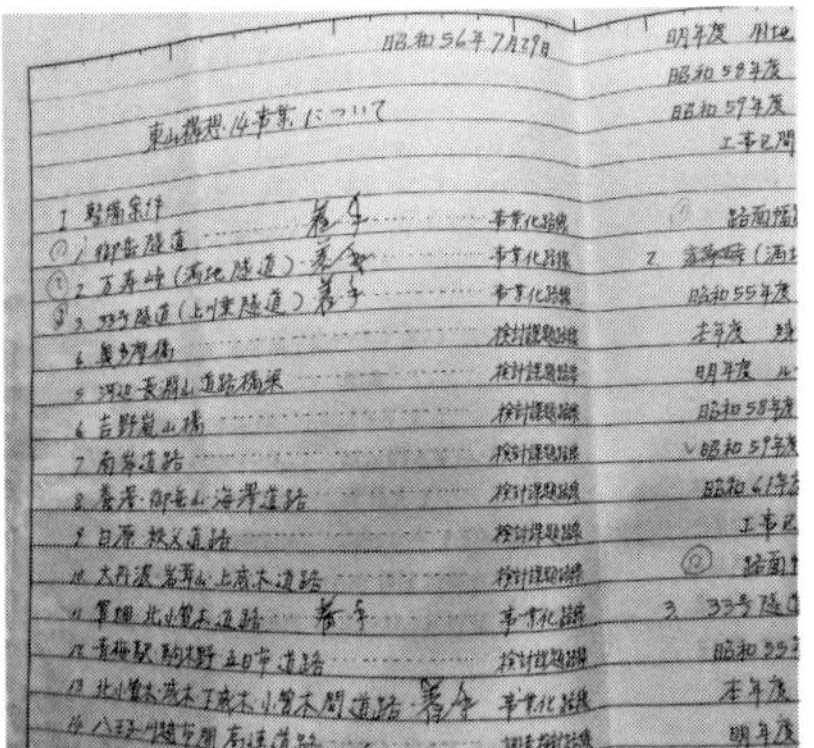

「東山構想１４事業について」の計画書。
年々進捗状態などが書き加えられている。
掲出の表は昭和56年7月29日のもの。

るのが建前だが、飛田の本音は奥多摩地区にゼネコン等の大資本が利益優先の好き勝手をさせないためである。

その視野の先には旧小河内村民や檜原村があった。何もない山奥の村。その地に有効な産業は観光だと踏んだのである。観光客の誘致には交通の便が何より重要。先の事業計画のトンネル事業はそれを睨んでいたのだ。また、このような大きな公共工事を誘致できれば下層労働者を相当数使うことができる。するとかつて小河内で作ったが、無念にも挫折した「精神修養道場」の再開もみえるのだ。

ことに飛田は、小河内ダム工事で湖底に沈んだ鶴の湯温泉の復旧に力を注いだ。鶴の湯は南北朝時代に開湯したとされる名湯だが、ダム竣工時に温泉は水没した。湖底に沈んだ源泉をポンプで汲み上げ温泉地の再現を提言。そのための障害を取り除くために東京都を提訴したりもした。

飛田の存命中には叶わなかったが、平成三年に源泉汲み上げポンプを使い温泉は復活。たったの六軒だが温泉街もできた。

ダムが完成した後、奥多摩湖周辺の温泉の掘削を巡って東京都と地元民がひと揉めしていた。温泉源があるのが都の所有地か民有地かのトラブルである。飛田は「もともとは村人の土地じゃないか。その地下の温泉を掘って地元の観光源にしようとしているのを止める役所でいいのか」と、奥多摩地域での温泉の掘削を応援。これは訴訟にまでなっている。

さらにこれも印象的だ。

檜原村の北秋川小中学校藤原分校に通う生徒達の多くは山間部の集落の子供達である。特に山腹の藤原地区から通う子供達六十人は毎日片道九キロの山道を歩いて通学している。朝四時に起床しないと遅刻だという。

藤原地区まで都道が通っているが道幅三《メートル》程でバスは走れない。そこで子供たちから「道を広げてください。バスを走らせてください」の声があがった。

飛田は迷わずこれを応援、昭和四十一年になってからだが都道は幅六《メートル》に拡張、見事、バスが走った。一番バスに乗り込む子供たちの歓声が聞こえるようだ。

これら鶴の湯の件、藤原地区の道路拡張の件などは意外なほど地元では知られていない。しかし飛田の残した資料には克明に交渉記録が記載されている。温泉掘削に関する沢山の訴訟書類の控えもあった。

それらの掘削には何としても小河内村民に負わせた負担、つまり借りを返したいという飛田の執念がみえた。

　飛田は小河内ダム建設工事からいわば追放されたのである。

　彼は後の書物や経歴書にこのことを、「社会的、政治的攻略により下山のやむなしに至る」と書いている。飛田は〝政治家や大新聞まで動かす大企業〟〝国や府の官僚を理不尽なことでさえ動かすことが出来る政治家〟の力をまざまざと見せつけられたのだ。それまでは自分一人の力でどうにでもなると思い、事実、どうにかなってきた。しかし飛田は思い直した。これ以降は政治家や官僚をいかに動かすかを考えるようになった。

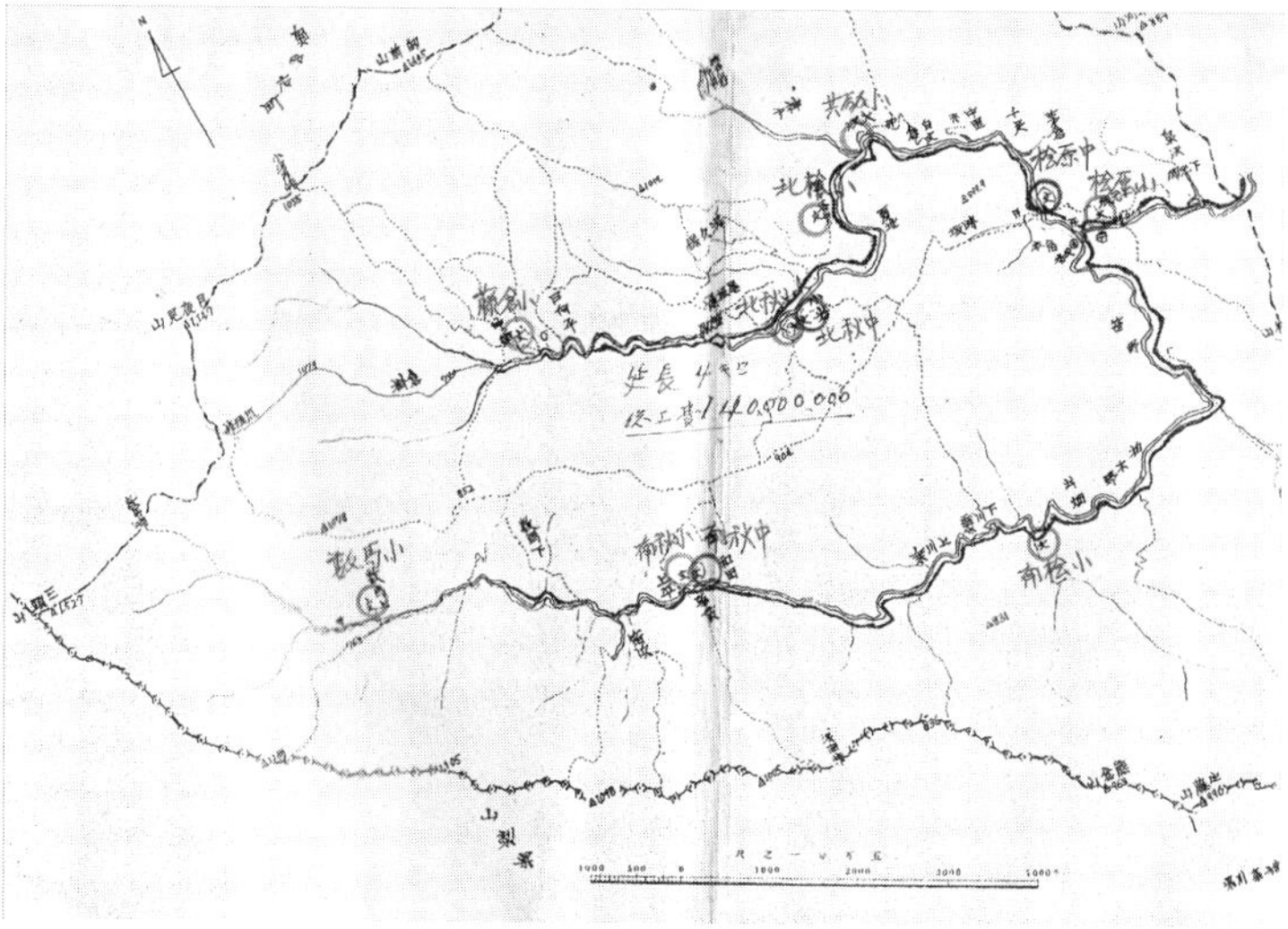

飛田の資料にあった檜原村一帯の道路拡張工事の全体図。11の小中学校所在地に丸印がつけられている。延長４キロ、総工費14,000,000と自筆の書き込みも。

この旧小河内村への対策事業についてもその手段をとった。
現地・奥多摩湖に岸信介、中曽根康弘、赤城宗徳、大野伴睦ら大物政治家を案内している。それは陳情行為でもあるのだが、そんなことより、日本を代表する政治家を遠く奥多摩の山中まで連れて来る力のある飛田。田舎の蕎麦屋で大物政治家とサシで蕎麦をすする飛田。その姿を見せつけているのだ。誰に見せつける？ 官僚達にである。そんな飛田の力を官僚が無視できるわけはない。飛田の要望をむげに出来るわけはない。その結果、道路建設、観光振興、鉄道の施設。簡単には出来ない事業が次々と奥多摩では行われていったのである。

小河内湖周辺を視察、メモをする岸。右に立つ飛田のノーネクタイが気になる。飛田の美学？ 強がり？

小河内ダム工事の揉めごとなど世間ではすっかり忘れ去られてしまっていた昭和五十六

年（1981）十一月のこと。故島田磬也《きんや》夫人から、「この度、音楽家仲間の勧めで〝島田磬也をしのぶ夕べ〟を催すことになった。ついては飛田に実行委員長になってほしい」との要望があった。島田磬也は『裏町人生』、『或る雨の午後』などで有名な作詞家。ディック・ミネや石原裕次郎が歌った『夜霧のブルース』の大ヒットもある戦前戦後を通したヒットメーカーだ。

飛田は驚いた。

島田とは小河内住民の哀歌というべき島田作詞の『湖底の故郷』が契機で知り合った。そして島田も飛田の竹を割ったような性格に惹かれて交遊が始まった。飛田の賜杯拝受祝賀会にも出席をしている。

しかし、その程度の仲で、芸能界の大御所的な作詞家「島田磬也をしのぶ夕べ」の実行委員長になるのは、さすがの飛田も気が引けた。

島田夫人には一旦断りをいれたが、夫人は、「生前、主人は飛田様と話していると、まさに胸のすく思いだ。小河内での働き、労働者の保護、住民への配慮は見事だった。貴男とは死ぬまで付き合いたいと言っていました。生前はそんなに多くはお逢いできなかったでしょう。ここは本当に最後です。ぜひお願いします」

飛田は亡き島田に捧げるように胸の前で両手を合わせ、これを引き受けたのであった。

昭和五十六年十二月七日午後六時半、ホテル・ニューオータニの「鶴の間」には一千人程の人が集まった。会場にはいつもテレビや映画でお馴染みの顔が多い。

開会。まず全員で故人に黙祷を捧げ、次いで実行委員長・飛田の登壇である。

飛田は昨今の中学生の暴力問題、学校崩壊を悲しみ憤り、「弱い者を虐めないのが日本人だ」と説き、その美しい日本の詩の魂を持ち、それを貫いた詩人・島田磬也の生涯を称えた。

やや場違いとも思える飛田の演説めいた挨拶だが、会場の人の心を確かに掴んでいた。

次いで、ディック・ミネ、藤山一郎、藤島桓夫、菅原都々子らが次々と登場、ヒット曲を披露する。菅原洋一は島田夫人の側にいき、「奥様お手をどうぞ」を唄いながらダンスに誘い、会場を湧かせていた。

華やかな会場の雰囲気に包まれながら、四十年前の小河内での辛苦が癒やされる思いで微笑む飛田であった。

第五話　謎の男、飛田勝造

本書、第二話では飛田の幼少期から成人になり、飛田組を創立、芝浦の親方になるまでを書いた。唐獅子牡丹の入れ墨を背負い、弱きを助け強きを挫く、颯爽とした男だった。

第三話では、芝浦の中堅運送業者であった飛田組がドイツのハーゲンベックサーカス団の日本各地の興業を請け負ったこと。第四話で東京市から小河内ダム工事も請け負ったこと。そんな大きな仕事を通じて、やがて日本の飛田になっていくことなどを書いた。

この時代まで、つまり昭和十二年頃までの飛田勝造は、牧野吉晴が『無法者一代』、富沢有為男が『俠骨一代』に実録風に纏め、しっかりと書いている。さらには飛田勝造自身も『生きている町奴』でその時代のことは牧野、富沢と同様なことを書いている。本書の第二話、第三話も先達の名著を下敷きに筆者の手元にある新資料も加味してここまでは書かせてもらった。

しかし、これ以降、つまり飛田の戦中戦後の姿は霧の中である。そのころ飛田が取り組んでいた仕事が陸海軍関係の工事だったりしたので軍事機密もあったのかもしれない。それに昭和八年から一年半いた朝鮮の発銀鉱山の事は飛田自身の年譜からも消されているほど。まして昭和十五年から渡った中国での民衆工作活動などはそれこそ口外無用の業務だったかもしれない。

ともあれ、この頃から数年の飛田はそれこそ深い霧の中なのである。

誰も飛田を知らないはずはないのだが…

どうにも理解できないことがある。

飛田の交友関係は多岐に渡っている。大物政治家から大物財界人、芸術家に加え右翼の大物や広域暴力団の組長もいる。軍人も将官クラスの数名と戦後も親しく交際している。

ところが、である。その中の特に大物、ビッグネームには自伝や回想録が何冊もあるが、その本には飛田が不思議なほど出て来ない。どの本にも飛田のヒの字もない。それはまるで口裏を合わせて隠しているようにさえ見えるのである。

あえて実名を挙げてみる。

大物政治家なら岸信介、中曽根康弘、大野伴睦、松野鶴平、鳩山一郎、赤城宗徳。右翼の大物なら児玉誉士夫、笹川良一、小佐野賢治。こんなビッグネームは、それぞれ自伝や回想録を数十冊は出している。それらをざっと流し見たが「飛田」は名前すら出てこない。

過日、飛田の部下だったという京都在住の方と会った。筆者がブログで飛田を書いていたのだが、そのコメント欄に、「私は東山先生の古い友人の弟分で…」と書いてこられた方だ。大急ぎで京都に走り、様々なお話を伺ったのだが、その中で氏が盛んに言っていたのが、児玉誉士夫と岩田富雄とのことであった。

氏はこう話してくれた。

「児玉は南京・上海時代の飛田の部下でその当時の児玉は今のような力も名もなかった。児玉が力を持ったのは終戦直後、上海から朝日新聞社の飛行機を使って持ち帰った当時の金額で八千万円にもなる金塊と大量のダイヤやプラチナを原資に政界に入り込んでからだ。その莫大な金品は児玉個人のものではないのだが、なぜか表向きは自由に使っている。児玉が巣鴨プリズンから出所した直後、飛田と児玉は会っている」

「岩田富雄はやはり上海人脈の大物で笹川良一の兄弟分、競艇事業を仕切っていた人だ。多摩川競艇を作った時に岩田は青梅に飛田を訪ねている」

なかなか生臭い話だがどれも事実とみていい。

児玉が終戦直後、朝日新聞社の社用機を使って隠匿資金を日本に運んだのも実話だ。終戦と同時に軍用機が使えなくなった。そこで児玉たちが目をつけたのが朝日新聞社の社機だった。この社機の胴体には緑十字のマークが描かれていた。これなら敵機に迎撃される危険は少ないとこれに目をつけたのだ。

児玉と朝日新聞はミスマッチの感もあるが、児玉は当時、『やまと新聞』のオーナーだった。新聞社同士のよしみもあり飛行機を借りることができたのかもしれない。また、当時の新聞はどこも日本帝国の広報紙のようなもの。各紙とも報道機関というより国のプロパガンダを担う同業者だった言っても叱られまい。だから児玉たちとも強い繋がりがあったのだろう。

そしてその飛行機に、できるだけ軽く、でき

児玉 誉士夫
ロッキード事件が典型の「事件の裏に児玉あり」と言われたフィクサー。飛田の中国時代の同僚。飛田の裏の顔のように時々出てくる。

るだけ値の張る貴金属を積めるだけ積んだ。搭乗員が「車輪が折れる!」と叫ぶほどだった。これに同乗したのは高源《こうげん》重吉。児玉の腹心である。こうして運ばれた莫大な資金が、その後、保守政党の創設に投入されたことは児玉自身が公言している。これは「大森実の児玉インタビュー」を引くまでもなく、知られた事実だ。

この話をもっと書くと面白いのだが、本書の主人公・飛田の姿がここには見えないのでこれくらいにする。但し、児玉と飛田は、南京、上海以来旧知の仲である。

岩田富雄(笹川良二)—多摩川競艇—飛田も、さもありなん。何の不思議もない。

児玉誉士夫と笹川良一の結び付きは右翼政治活動を通じてのものだ。戦後も右翼活動を武器に政財界に介入している。その児玉、笹川と飛田の関係も同じ右翼活動からと思われがちだが、それは違う。飛田は右翼団体との付き合いはあったが飛田自身は凝り固まった右翼思想の持ち主ではない。

飛田の思想は〝弱きを助け強きを挫く〟に尽きる。その為には右翼、左翼を選ばない。

実際の例もあった。飛田は民藝系列の劇団に定期的に金を出していた。上演された演劇が虐げられた民衆の有様がテーマの時などは、その公演の切符を百枚も買って応援していた。民藝は日本共産党系の演劇団体だ。飛田にとってそんな政治的思惑は二の次、三の次。下層労働者救済の視点さえあればいくらでも応援するのだ。

さて飛田の交遊関係だが、日本の暴力団の首領ともいえる稲川組の稲川聖城《せいじょう》は何度も飛田の家に来ている。さらには「潜行三千里」の辻政信は飛田の家に暫く潜伏、その後、飛田の用意した奥多摩の山間の家で半年間も過ごしている。昭和天皇の侍従長の入江相政《すけまさ》はお互いの家を往き来した仲だ。彼らも本を出しているが、そこには飛田のヒの字もない。

天皇を青梅の植樹祭に送り出した時の侍従、入江の『入江相政日記』にはさすがにあるだろうと当該日の昭和二十三年四月四日をめくると、「お上は青梅に行幸行啓でお留守様」とだけの記載。飛田の名はない。

飛田はそんな小者だったのか？　名前を記す必要もないほどの存在だったのか？　彼らとはそれほど深い付き合いではなかったのか？　いずれもノーである。

たとえば岸信介は分かっているだけで二度も青梅の飛田邸を訪れているし、一緒に小河内ダムの奥多摩湖を視察している。

入江 相政
飛田と深い親交。この人の力で皇室を動かせた

中曽根康弘はロン・ヤス会談で有名な日の出山荘を飛田が世話をして、山荘の下見には一緒に行っている。別の機会には奥多摩湖にも案内している。また中曽根は飛田の主催する式典などに再々祝辞を贈っている。飛田の叙勲祝賀会にも祝儀と花束を出している。さらに飛田の葬儀の際は居並ぶ数百の花輪の先頭は中曽根だった。

大野伴睦とは昭和十年前後の芝浦時代からの付き合いである。

飛田はこう言う。

「大野とは、あいつが東京市議会議員選に落選してブラブラしていたときからの付き合いだ。当時、浪人の大野は活動資金がなくて苦労していた。家は高輪台町の交番の隣で、元総理の山本権兵衛さんが大家さんだったがご多聞に漏れず家賃はいつも不払い。銭は時々入るのだが子分や友達にくれてやる方が忙しくて家には残らない。奥方は君子さんといったかな？　質屋通いをするなど随分と苦労しておられた。大野の方は〝俺は天下の素浪人だ〟と粋がっていたが、内助の功があってこそだ。そんな奥方のご苦労への同情もあって、わしは今度は衆院議員選挙に出るという大野の選挙を応援してやった。だが、その代償はブタ箱入りだった」。

昭和十一年の衆議院選挙に立候補した大野を飛田が応援。大野は当選したが飛田は買収容疑で検挙され、懲役三月の実刑に。この時、飛田が言うに、「政治家とはこうゆうものか。罪を被《かぶ》って庇《かば》ってやったのに面会にも来ない。ブタ箱を出たら二、三発ぶん殴ってやる」。二、三発ぶん殴ったかどうかの記録はないが、以来、腐れ縁的な関係が長く続いた。腐れ縁の一つ。昭和十五年、久原派と中島派が対立した立憲政友会の分裂騒ぎの時だ。中島派が政友会本部を占拠した。対する久原派の大野が飛田に、「どうにかならんか」と頼み、飛田は政友会本部から中島派を追い出し、本部を開放した。

それに、戦後、久原派の鳩山一郎が日本自由党を創立する際、児玉誉士夫から大量の資金が渡ったのはもはや定説だが、この橋渡しをしたのは大野である。つまり飛田の影がみえる。伴睦なき後は息子の大野明が飛田の行事にはそれこそマメに顔を出している。

「飛田は右翼だ」と言われている。実は一般的な右翼思想家ではないことは前頁に書いた通りだが、右翼の人物との広い付き合いがあったことは飛田の残した資料でわかる。資料から固有名詞は分かるのだが、メジャーとは言い難い業界なので詳しく調べようはない。右翼団体らしいものを拾い出して列記する。

志賀敏行（全日本愛国者団体会議・名誉会長）。石井四郎（護国団・団長）。鈴木邦男（一

水会・代表）。赤尾敏（愛国党・党首）。横山孝（愛国戦線同盟・会長）。萬年東一（大日本一誠会・会長）。阿形稔（大日本朱光会・会長）。まだまだありそうだ。

冒頭の全日本愛国者団体会議は国内最大規模の右翼団体の連合組織という。そのトップの志賀敏行と飛田は親しかったようで志賀の長男の結婚式にも呼ばれ祝辞を述べていた。

手元の資料の中に様々な行事や式典の記録がある。

飛田が主唱や主催をするものをみると、その世話人や顧問に彼らの名があった。たとえば飛田主唱の昭和三十三年「明治大帝御聖徳奉賛の集い」の世話人の中に岸、中曽根、大野の名が揃ってある。飛田が奔走した奥多摩の観光協会創立や国立公園化運動等には要所要所に彼ら大物政治家の名があり睨みを効かせている。

関東鳶職連合会も注目だ。戦後すぐ結成された鳶職連合会は総裁が笹川良一、最高顧問が飛田勝造のコンビで長く続いていた。

その後、名誉会員制度が出来て、名誉会長・田中角栄、

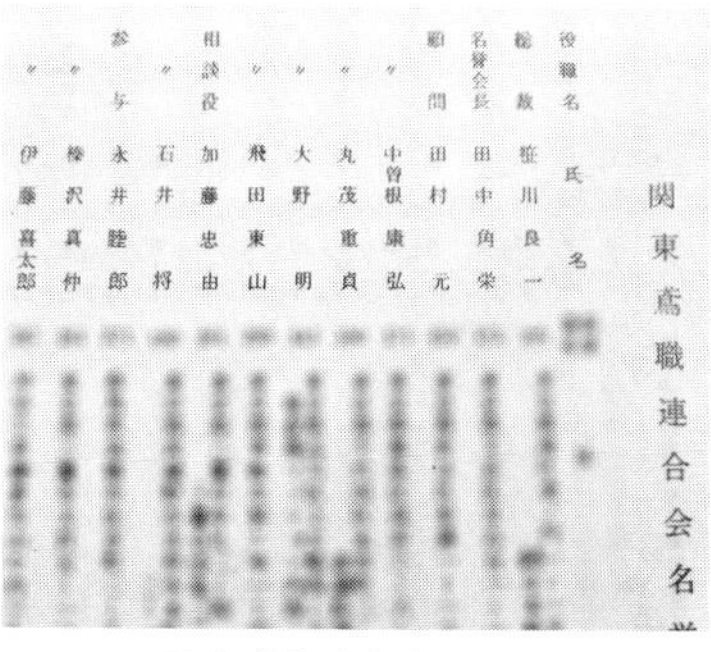
関東鳶職連合会名

役職名	氏名
総裁	笹川良一
名誉会長	田中角栄
顧問	田村元
〃	中曽根康弘
〃	丸茂重貞
〃	大野明
〃	飛田東山
相談役	加藤忠由
〃	石井将
参与	永井睦郎
〃	榛沢真仲
〃	伊藤喜太郎

関東鳶職連合会の名簿

顧問に中曽根康弘、田村元、丸茂重貞、大野伴睦の四名の国会議員と飛田勝造。計五名の組み合わせとなっていた。この組み合わせは続き、伴睦が明に変わっても同様だった。

ともあれ、岸、中曽根と飛田の最初の接点は不明だが、戦後もしっかりと交流していたことは隠しようのない事実だ。

飛田の資料に彼が復刻した藤田東湖の『神州正気の歌』や、飛田の歌集『東山雑詠集』の配布先の一覧表があった。その中にも岸や中曽根、大野、松野、赤城、笹川の名がある。入江の名もある。驚くのがその配布冊数だ。彼らには五冊から十冊も送っている。数冊も押しつけるのは失礼と思うが、彼らの間柄はそうは思わないほど親しい仲なのだろう。


軍人は飛田との交際を隠していない。それは、このクラスの軍人は腹が据わっているからだろうか。それとも、いわゆる〝闇〟の付き合いはないからと思えばいいのだろうか。しかし、〝闇の何か〟がありそうな松室孝良陸軍中将、吉積正雄陸軍中将なのだが、飛田の数々の行祭事に出席、記帳もし、壇上で挨拶もしている。

印象的なのは吉積から飛田への昭和四十八年の手紙、「戦後処理がいろいろとあって手間取っている」。終戦時の軍務責任者は二十八年経ってもまだ残務があるようだ。

飛田の家を度々訪れていたのは堀江六郎海軍中将だ。「わが家で中将、といえば堀江さんのことよ」と飛田の次女・義子さんが言うように子供たちとも仲良くしていたのだろう。

軍人は戦時中からの付き合いだ。でも飛田との交際は隠していない。しかし前記のビッグネームは表面上、飛田との交流は一切伏せている。まったく理解に苦しむ彼らの姿勢なのだが、その解明を図るのも本書の目的。だとすれば、何かワクワクもするのである。

但し、正々堂々と飛田ファンを標榜《ひょうぼう》して憚《はばか》らないビッグネームもいる。その中から財界人を拾えば、前述した渋沢敬三。「住友銀行の法皇」と言われた堀田庄三。電源開発総裁の藤井崇治。そして住友銀行頭取で関西財界の雄、浅井孝二は神戸市在住ながらそれこそ家族ぐるみの付き合いだった。

彼ら日本を代表する財界人が異口同音に語る飛田勝造像は、

「飛田は純粋に弱い者の味方だった。それに全く他意はなかった。そして彼は大きな夢を持っていた。それは金を儲けよう、ビルを建てようなどというケチな夢じゃない。人間はこうあるべきだ。日本をこうした国にしたいという大きな夢だ」

「彼の口から出れば、〝弱きを助け強きを挫く〟、〝大義を明らかにして名分を正す〟などの言葉は単なる教訓や格言でなく、実行可能な目標に思える。それは発する言葉の重みが常人と違うからだろう」

そして、「彼とつきあった人は皆、飛田のような生き方が出来たら、どんなに素晴らしいだろうと思うのだ」

飛田に魅せられた一人に大作家・尾崎士郎がいる。名作『人生劇場』の主役の一人、吉良常は飛田をモデルに書いたもの。その主題歌『人生劇場』も村田英雄の唄で大ヒットした。歌詞は吉良の仁吉となっているが、これも明らかに飛田がモデルである。

♪時世時節は変わろとままよ　吉良の仁吉は男じゃないか
　俺も生きたや仁吉のように　義理と人情のこの世界♪
（佐藤惣之助作詞・古賀政男作曲）

飛田がモデルのレコードはこの他、植田竹雄作詞・鈴木之博作曲の『ど根性』と『俠骨一代』がある。唄はいずれも村田英雄。

こちらの歌はヒットしなかったが、これを機会に村田と飛田との交流が始まった。以降、村田は飛田の「東山流」の舞踊会などに友情出演をしている。また、飛田が昭和四十九年に叙勲された際の祝賀会に村田は歌手としてではなく主催者側の委員として名を連ねていた。やはり村田英雄も飛田の人柄に魅せられた一人だったのだ。

飛田勝造の真の人間像

飛田は謹厳実直、信念を曲げない男に見えるが実は違う。思想的にも柔軟であるし、常に新しいものを取り入れようとする意欲がある。

ちょっとした実例を探すといくつもあった。

まずは注目すべきことがひとつ。

尾崎秀樹と飛田が昵懇《じっこん》であることは前に書いたが、その尾崎の親友に歴史家でマルクス主義的哲学者の羽仁五郎がいる。彼の妻は女性運動家の羽仁説子。その母は羽仁もと子。日本初の女性ジャーナリストで自由学園の創立者である。自由学園は既成の学歴や教育方針を捨て、「真の自由人」を育てるという独特な教育スタイルを貫く学園である。

その学園に飛田勝造の次女・義子の子がなんと三人も入学していた。

自由学園の教育理念を一言で表すのは筆者には困難だが、「日々の生活の中から学び」

「真の自由人を育てる」。具体的には学歴や組織に頼ることなく自由な生活をおくることを目指す、──そんなことのようだ。

これは飛田が支持するとはとても思えない方針だ。

団体の規律や一体性を重んじ、自由とは真逆のイメージがある飛田。

天皇を中心とする神道国家思想家で自由学園のキリスト教思想にはまるで馴染まないような飛田。

無学歴で学歴コンプレックスもありそうな飛田。

その彼が孫達の自由学園への入学をよく許したものだと思った。ところがご息女に訊けば、「父は反対はしていない。自由学園に入れると言ったら、学園のすぐ近くに広い土地を買ってくれた」と言う。

反対どころか賛成していたのだ。ということは今三つ書いた飛田のイメージは逆。ここにこそ、真の飛田勝造の人間像が透けてみえるのである。

さらに飛田の思想の動きや人間性を知る上で重要なものが出てきた。

出てきたのは彼の自筆原稿。読んで、まさにたまげた。それは「ソビエト連邦憲法」、

「中華人民共和国憲法」、「アメリカ合衆国憲法」、「スイス憲法」、「西ドイツ基本法」からの抜き書き。それも書き写している箇所は、〝人権の尊重〟〝言論や結社の自由〟に関する条項だからだ。丁寧な文字だ。書き写すというより内容を味読しながら書いているように見える。

　これを書いたのは昭和三十年代だろう、この時代に飛田は、先進国が人権や個人の自由をどのように法規定しているのかを知りたがって学んでいるのである。多くの人は読んだことはないだろう外国の憲法、それも社会主義国の〝個人の人権〟。そんなところに飛田は注目していたのだ。

　ちなみにソ連の憲法には、言論・表現の自由、出版の自由、集会の自由は保障すると明記されていた。なお、中国の憲法のその点は曖昧だった。

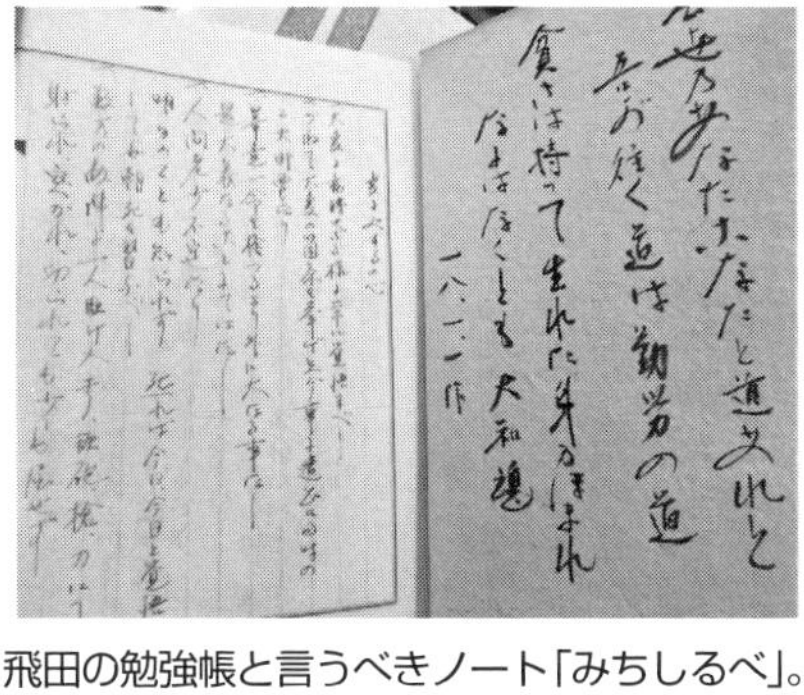

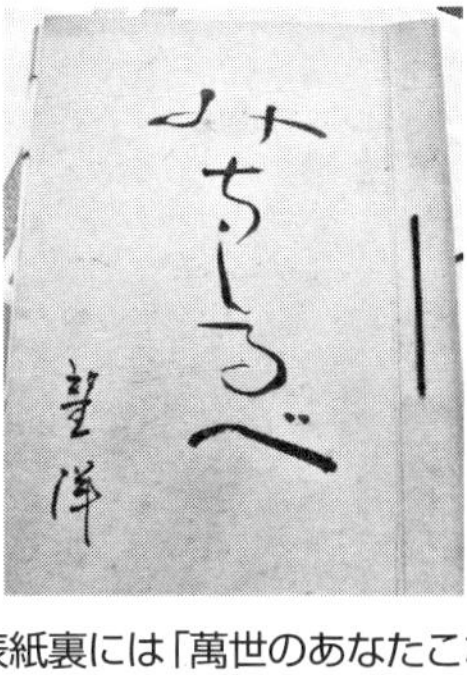

飛田の勉強帳と言うべきノート「みちしるべ」。表紙裏には「萬世のあなたこなたと道あれど吾が往く道は勤労の道」、「貧しさは持って生れた身のほまれ　なにはなくとも大和魂」の二首。一八・一・一作とある。扶桑会本部の便箋を綴じた本文は、「葉隠論語・愚見集」や「藤田東湖・正気の歌」の写し書き、二宮尊徳、孟子、兼好法師、それにヒットラーの言葉の書写も。最後の方に自作の都々逸も。

さらに印象的なのは、各国の憲法を写した最後に日本の「教育勅語」の全文が書かれていたことだ。先進各国は個人の権利を条文化しているが、戦前の日本は逆。「朕惟《ちんおも》フニ我カ皇祖皇宗《こうそこうそう》國《くに》ヲ肇《はじ》ムルコト宏遠《こうえん》ニ…」から始まる教育勅語は、「この国は天皇家の祖先がつくったもの」、「国民はそれを誇りに思い、臣下としては主君に忠誠を尽くすべし」と全ての主権が天皇家にあると教えている。

戦前までの飛田の思想はこの教育勅語の理念通りだったろう。しかし戦後十年、飛田は国民の主権や自由を諸外国と比較して、今後の日本はいかにあるべきかを考えていたのだ。この時点で飛田は自らの思想の基礎となっていた尊皇攘夷の水戸学をも反芻《はんすう》しているのである。

この広い視野、柔軟な頭脳を持つ男だからこそ、あらゆる考え方、あらゆる生活手段が混在する一四〇万人もの未組織労働者を束ねることができたのだと言える。

朝鮮・発銀鉱山と中国での民衆工作業務

飛田が日本鉱業から朝鮮の発銀鉱山の施設工事を請け負ったのは昭和八年（1933）の冬。十人ほどの仲間を連れて同地に入ったというのは昭和九年春。請け負った仕事を終えて日本に帰ったのは昭和十年夏である。

この朝鮮の発銀鉱山のことは、ほとんどが闇の中である。飛田の実名小説を書いた牧野吉晴、富沢有為男も、「朝鮮に行った。極寒の地だった」程度しか書いていない。飛田自身が書いた自伝にも朝鮮のことは、「満州と朝鮮の国境沿いには金日成らの馬賊がいて、鴨緑江《おうりょくこう》が凍ると満州側から襲ってくる。馬賊《ばぞく》が来ると狼煙《のろし》が上がる。すると吾々も身構えて…」と書いているからかなり危険な環境だったのは分かる。

馬賊と書いているのは金日成の抗日パルチザン活動の東北抗日聯軍だろう。時期的には有名な「普天堡《ポチョンボ》の戦い」と同じ。飛田がここに関わっているわけはないが、まるで無関係とも思えない。と言うのもこの期間の飛田の活動の内容が全く不明だからだ。あえて言えば昭和九年春から一年半の飛田はその所在地も活動実態も闇の中だ。

朝鮮から帰国して小河内ダム工事＝日本精神修養導場の活動に全力であたったのだが、どうも自

昭和14年 上海東和洋行に宿泊して浙江財閥顧問当時 ＝上の書き込み

分だけの力の壁も感じていた。

そんな時に松室孝良北京特務機関長から誘いがあった。中国へ渡り、民衆工作を手伝ってくれというのだ。承知した飛田は昭和十四年（1939）十二月に中国へ。中国大民会顧問、浙江財閥顧問となり中国民衆工作に従事した。この肩書きの重みはよく分からないが相当な高官的な地位に思える。

中国時代のことは中国大民会や浙江財閥という固有名詞が出てくるので見当はつくが、その活動の実態については少しも書かれていない。現地の活動は帝国陸海軍と協調した工作活動だから軍の機密ということもあるのだろうが、「誰と、どこで、どんなことをした」という具体的なものはまるで出てこない。

中国の松室公館で。下の左の和服が松室孝良。上列左が飛田。
上列の右から二番目の丸刈りが児玉誉士夫に似ている。

但し、飛田のアルバムの中には中国時代のものも若干あり、写真の添え書きに自筆で

「中国大民会顧問、浙江財閥等の顧問になって南京、上海に有りしも、毎日が生死に命をかけていた」と書いてあった。相当に危ない毎日であったことが分かる。

牧野、富沢の書いた飛田の自伝小説はどれも戦後十年以上経って書かれたものなのに、まだ書きにくいことがあったのだろうか、あるいは飛田が、中国時代のことは、「書かないでくれ」と言って取材を拒否したのか。また、本書のプロローグで書いたように、「書くと殺される」危険があって作家達があえて書かなかった…と邪推してしまう。小説家たるもの、この朝鮮の一年半、中国の一年半に興味がないはずはない。また何があったのかの見当はつく。そして書きたいという強い欲求、作家衝迫に駆られないはずはないと思う。しかし作家たちは書かなかった。その時代でもあえて伏せていなければならないことがあったとしか思いようがない。

飛田勝造の戦中戦後はまったく謎につつまれているのだ。

飛田の自筆の添え書き、「毎日が生死に命をかけていた《ママ》」を証明できる具体例が一つだけあった。

飛田の女房、あの気丈な静が上海に飛田を迎えに来たのである。静はもともと飛田のやる事にあれこれ口を挟む女ではない。飛田組は完全に彼女が一人で仕切り、きちんと留守を守っている。そして気に入らなければ、「カエルニ　オヨバズ」と電報を打つ女傑だ。その静がはるばる上海まで飛田を迎えに来たのである。「上海には置いておけない。殺されてしまう」の思いに違いない。相当に命の危険がある業務に飛田は従事していたと察する。

さてこの朝鮮、中国時代のことについては、続編で詳しく書くこととする。

飛田を迎えに上海まで単身で来た静

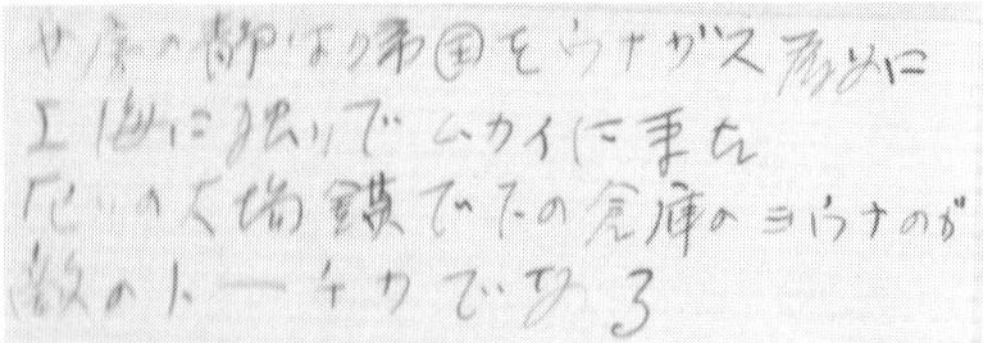
女房の静は帰国をウナガス為めに
上海に独りでムカイに来た
庇いの大場鉄でたの倉庫のヨウナのが
敵のトーチカである

飛田の自筆＝ママ　女房の静は帰国をウナガス為めに上海に独りでムカイに来た。庇いの大場鍱《ママ》で下の倉庫のヨウナのが敵のトーチカである。

第六話　全国の自由労働者を組織する

大日本労務報国会結成

上海から帰った飛田は慌ただしいほどの動きをみせた。念願である「弱い者を助ける」、つまり全国の土工や沖仲仕ら日雇労務者の組織化に実現の目途がたったからだ。

まず大日本労務報国会を結成、同時に東京労務報国会、東京府労務報国会を立ち上げた。昭和十六年夏のことである。ここまでは従来の飛田のやり方と変わらないのだが、ここからの手法に小河内ダム撤退の教訓が活かされていた。

まず大日本労務報国会の会長に松室孝良陸軍少将を立てた。松室は関東軍の参謀長や北京特務機関長を歴任。同時に陸軍大将で総理大臣も務めた林銑十郎と昵懇《じっこん》でもあり陸軍では一目置かれる人物である。まして軍部が日本を掌握していた当時だ。松室のネームバリューは凄みすらある。労務報国会はたちまち政財界で認知されたのである。

松室を担いだ飛田の狙いはどんぴしゃりと当たった。さらに東京労務報国会の会長には警視庁長官を起用して市中に睨みを効かせ、その上部組織の東京府労務報国会会長は松室が兼任して地固めをした。

昭和十八年六月二日、大日本労務報国会は大政翼賛会の組織下に各種政治会や産業会とともに組み込まれた。これによって飛田の念願である「自由労働者を一部の業者が好き勝手な条件で雇用できない」システムが公的にできあがったのである。

同会会長は松野鶴平から吉田茂へと移る。松野は政界の大物。抜群の調整力を持つ人物だ。次の会長となる吉田は大物官僚。彼は戦後首相になった吉田茂とは別人であるが内務省など省庁に発言力を持つ人だ。

この軍部の松室、政界の松野、官公庁の吉田と渡ったバトンは、各界を横断する強い影響力を得たのである。

飛田の小河内ダム撤退は政財界の権力によって押し出されたものだが、今回はその教訓を生かし、政財界の権力の真ん中にどんと入り込んだのだ。飛田は大日本労務報国会の言い出しっぺ、いわば創始者。だが、創始当初は松室会長、飛田理事長で出発したものの以降は十数名いる平理事の一人となっていた。見事、名を捨て実をとっていたのだ。

「大日本労務報国会」という見栄えのよい会ができたが、所詮、官僚・背広組主導の組織。実際の工事現場への直接的な進出などは無理。まして仕事の斡旋などできるものではない。それに、肝心の自由労働者の方も労務報国会への帰属意識は殆どないのだから何とも始末が悪い。

加えて、下層労働者の心根を知らない官僚は大きなミスを犯した。自分たちでは百万人もの下層労働者の管理はできないとして労務報国会の各都道府県支部の支部長に各地の県警本部長をあてたのだ。上部組織の名誉職に警察官僚がつくのではない。労働者が日々直接に顔が見える位置に警察官が立つのだ。これは自由労働者を反政府勢力あるいは犯罪予備軍と位置づけたのも同じ。これにより労働者の心は一気に労務報国会から離れ、会は有名無実の組織となってしまった。

この情況、飛田にとっては想定内のこと。言い換えれば「待ってました」。間髪を入れず次の動きに入ったのである。

飛田にとって労務報国会は、「自由労働者の保護・公定賃金等身分保障」を公的に宣言してくれればそれで充分だった。法制化できればなお結構。それを錦の御旗にして自由労働者の権利を守ることができる。そして身分を保障された労働者が手抜きすることなく働く。そうすれば自ずから健全な雇用関係が構築されるはずだ。

そして自由労働者のコントロールを官僚・背広組ができるわけがない。必ず俺に泣きついてくる。そう考えていたのである。

そして筋書き通り、伴義一陸軍大佐が労務報国会の管理と有効利用を飛田に要請に来たのである。飛田はそれを引き受ける条件として、現在の会長以下総ての役員の退任など新たな要求をし、伴はそれをのんだ。

飛田は思わず、「俺は明智光秀をしてしまったな」とつぶやいた。

飛田は自由労働者の労働力を必要とする日本中の企業・団体の雇用の窓口になる会を結成した。この会を通す仕事は全て賃金も労働環境も安心、安定である。業者が中間搾取ができないように雇用契約は必ず飛田のこの会と結ぶシステムにした。会は、社団法人

「扶桑会《ふそうかい》」と名付けた。

扶桑会は自由意志での参加である。労働意欲さえあれば誰でも参加できる。そして参加した自由労働者たちには組織を通じて搾取のない賃金と良好な労働環境を与えるのである。対して扶桑会が労働者に求めるのは「勤勉」と「怠惰からの脱出」である。そのために従来、「土方」、「人夫」、「立ちん棒」と呼ばれていた日雇い労働者を自由労働者、あるいは、労働する侍・労士と呼び、各自が働く目的を持ち、仲間や国を大切にすべしと説いたのだ。これが飛田が言い続ける下層労働者の「精神的覚醒」と「労士魂の喚起《かんき》」である。

その扶桑会に自由意志で参加して来た労働者は驚くなかれ一四〇万人になるのである。

実はこの扶桑会の傘下労働者の数だが、資料によって八十万人もあれば一五〇万人もある不確かなものだった。筆者もこれを決めかねていたのだが、昭和十八年一月二十六日の大阪毎日新聞が労務報国会設立を報じるなかで、「全国、百四十万人の自由労務者」と書い

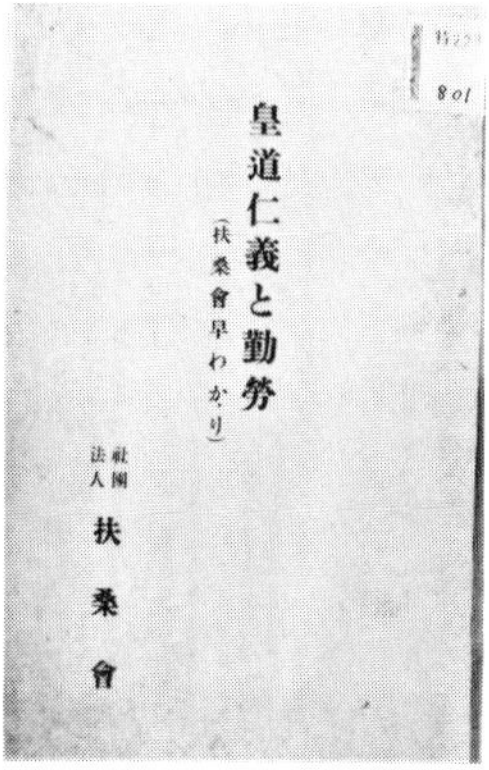

扶桑会の創立宣言といえる本
皇道仁義と勤労（扶桑會早わかり）社団法人扶桑會
昭和19年11月20日発行　B5判
本文41頁　　＝国立国会図書館蔵

ているのでそれに従うこととした。

この一四〇万人という数字は全国の自由労働者をほぼ完全に組織化し得たもので、以降、扶桑会は軍事工場建設や地下工場造成に大いに力を発揮した。これにより飛田は国や軍の上層部に強力な関係を構築、奉任官（少尉以上の高等武官）の身分も得たのである。

そんなことより、飛田にとって一四〇万人の下層労働者を組織し、やる気になれる仕事とそれに見合った報酬を与えることができたこと、それが何より大きかったのである。

全国一四〇万人の自由労働者を束ねた扶桑会は海軍の組織に組み込まれて国家事業に従事するようになった。

なぜ海軍傘下だったのかと一瞬、不思議に思ったが、記録を探すと意外に単純だった。扶桑会の設立説明冊子『皇道仁義と勤労』にこう書かれていた。

——昨年八月に海軍省兵備局から、吾々稼業人の有志に対して、戦力増強のひと役を担ってくれないか、と云う意味のお話があった。真珠湾の一撃以来、心から欽慕している大海軍から、例えばお世辞にした所が、この雲助稼業の同志を男と見込んで相談があった以上、もうこれは黙っていられない。早速、飛田会長から檄を飛ばし同志を糾合し、立ち所に馳せ参じた三十七名が血盟して、茲に扶桑会を作った訳である。——

当初は三十七名、そして昭和十八年八月の血判状では九十七名。そして彼らの部下が総計一四〇万人。強烈な大組織が誕生したのである。

当時、海軍と陸軍の仲の悪さは半端でなかった。扶桑会が海軍傘下に入った途端、何かと嫌がらせもあった。憲兵を使い飛田の身辺を洗ったりもした。しかし戦時中である。こと土木建設工事に関しては「扶桑会を共同で使う」ことで合意した。この合意にこぎ着けたのは吉積正雄陸軍兵備局長の仲介力であった。吉積はこの後に陸軍省軍務局長兼参謀本部部長になり、飛田に「皇太子を匿ってくれ」と要望したかの人である。これにより陸海軍の分け隔てなく扶桑会は活発に活動を始められたのである。

ともあれ飛田の扶桑会は、「この雲助稼業の同志を男と見込んで相談があった以上、もうこれは黙っていられない」という任侠的な男の美学を前面に出し、「軍服を着ざる大義勇軍を組織」したのである。

藤田東湖銅像建立

昭和十五年秋に上海から帰国した飛田は大日本労務報国会や扶桑会の結成に奔走していたのだが、実は帰国してすぐに取り掛かったのは郷里・大洗町に藤田東湖の銅像を建立することだった。

藤田東湖《とうこ》は水戸藩士。水戸学の大家である。幕末の混迷期、東湖の教えは吉田松陰や高杉晋作、西郷隆盛など多くの尊皇志士たちに多大な影響を与えた。「尊皇攘夷《そんのうじょうい》」の語句を初めて使ったとされる東湖は、桜田門外の変や天狗党など水戸藩士を過激にしたとも言われている。勝海舟が「俺は藤田東湖が大嫌いだ」と言い放っているのも、反面、東湖の影響力の大きさを表している。

飛田も水戸生まれ、郷里の偉人である東湖に憧れ、水戸学に影響を受け、心の師と

峯間信吉博士と飛田

言って憚らなかった。また、飛田の父、国五郎が水戸学の塾生だったこともあり、飛田にとって東湖は特別の存在だった。

その飛田は中国の民衆工作活動を終えて帰国後、藤田東湖碑を建立した。費用は飛田が全額負担している。そして銅像完成の昭和十六年十一月三日、除幕式を挙行した。

式では二人の記念講演があった。一人は峯間信吉《みねましんきち》博士。博士は地元出身の水戸学の権威だから「東湖先生と水戸学」での登壇はいわば当然。だが、もう一人が驚く。何と松室孝良少将である。松室は水戸とも東湖とも縁のない存在だ。この除幕式の参列は飛田の誘いでしかない。

再々述べたように飛田は松室の配下として中国に渡り、中国人民会顧問、浙江財閥顧問の肩書きで民衆工作をしていた。そしてこの年に帰国、最初の仕事が大日本労務報国会の設立と藤田東湖の銅像建立だった。そこで松室は労務報国会の会長を引き受け、東湖像の除幕式では記念講演を引き受けている。二人の関係は既にここまで親密になっていたのだ。

除幕式の松室講演に思わぬおまけが付いた。この講演は戦争史、戦争論に残るものと話題になったのだ。それは「東湖先生と米英撃滅」と題したもので、注目されたフレーズは「大東亜戦争といふ名前を付けたのが悪い」であった。

簡単に紹介する。

「国民にアメリカを撃つ気持ちが十分発揮されていない。その理由は、今度の戦争を大東亜戦争というが、こんな名前を付けたのが悪い。日本はアメリカに上陸をして、ワシントン、ニューヨークに迫つて、城下の盟をなさしめる。この決心、この覚悟がなければ本当に完勝することは出来ない。然るに大東亜戦争と言うから、日本はもう既に南方の諸地域を戡定してしまつた。後は守ればいい、又は建設したらいい、大きな戦争はないんだろうと考へてしまう。大東亜戦争というと東アジアや南の地域を占領して満足してしまうが、それはよくない。今度の戦争は対米英であるので、アメリカに上陸して勝利しなければならない」

松室は世界を俯瞰できる力量を持つ戦略家である。

彼の壮大な理論の一つに防共回廊構想がある。これは日露戦争以来、常にソ連がアジアへの南下を企てているが、それを防ぐためにはモンゴルからイスラム圏にかけて反共親日国家を樹立し、ソ連共産主義の南

松室孝良 陸軍少将
飛田を中国に誘い民衆工作に従事させた。帰国後は飛田の労務者運動を応援、松室会長・飛田理事長の形も多い。飛田の大恩人の一人。戦後も長い付き合い。

下ルートを遮断すべしというものだ。これは陸軍きってのモンゴル通である松室が構想・計画し、実行に動き出していたものである。また、そのためにはイスラム教徒との交流、友好が不可欠だとしてイスラムの調査研究、回教徒対策のために大日本回教協会を設立した。会長には林銑十郎大将を擁立、松室は総務部長を務めた。

このように松室は異宗教すら戦略に組み込んでしまうほど大所高所からの視点があるのだ。

飛田が一発で松室に心酔したのも次の大構想からなる、ひと言であった。

「飛田君！ 縄張りを争うなら芝浦だ東京だ、と言わずに、日本全土、朝鮮、満州、支那まで縄張りにしてしまえよ。そうすれば小さな連中は喧嘩相手にもならないよ」

これにはさすがの飛田も参った。以降、飛田は「地球の半分を俺の縄張りにする」と冗談とも本音ともとれる台詞をよく口にするようになっていた。

飛田はこの前年まで松室の配下で中国で民衆工作活動をしていた仲だ。もともとウマの合った二人だが、中国でまさに生死を懸けた活動を共にして、さらに信頼の度が増したのだ。これより飛田が関わっていく様々な活動の陰にも日向にも松室の姿がみえるのである。

ところで前述の飛田が建立した藤田東湖の銅像だが、完成したのは下の写真の大きく立派な銅像群である。東湖像と正気の歌の全文を刻んだ碑、その基礎工事、庭園造り、植樹などを含めて費用は飛田が全額を負担した。この費用はいかほどだろうか。業者に聞けば、現在なら三千万円は必要だろうと言う。それらを飛田は除幕式が済むと、石碑等すべてを大洗町に寄付している。

こんな大金をポンと出せる資金力がこの年の飛田にはあったのだ。思えば中国行きの前は小河内ダム工事。山を下りるとき飛田は写真のフィルム代の三十四円が工面できなかったはず。それが一年半で一転した！

この金は日本国（陸軍）が飛田の中国での活動

藤田東湖像　「大洗町幕末と明治の博物館」（旧常陽明治記念館）構内に

の給金（謝金）として支払ったもの、と考えるのが自然だろう。だが、飛田の活動期間は一年半少々。その勤務の手当として現代でいうところの三千万円以上の大金を官庁が出せるだろうか？ と首を傾げるのもまた自然である。

ともあれ飛田が大金を持って中国から帰って来たのは事実である。この資金の正体は、巷間、何かと話題になった上海マネー、別名M資金の傍流だったとする推理も面白いが何の証拠もない。

扶桑会の全国展開と地下工場

全国百四十万人の自由労働者を束ねた扶桑会は様々な国家事業に従事するようになった。扶桑会の関わった事業は戦時下の極秘事項であるから公的な書面はないが、資料からその大凡は分かる。

ざっと書けば、大本営や陸海軍施設の地下壕化や東京近郊の軍需産業の地下工場。群馬・太田の地下工場。岡山・水島、熊本市、石川・小松の地下工場等々だ。それと長野・松代の山中に建設の松代大本営も扶桑会の仕事である。

下の写真が飛田の所蔵写真類の中にあった。戦前のフィルムで地下施設の一部に見える。壁も整備され電灯もあり、粗製の地下工場ではないようだ。もしかすると大本営？ 他にも地下工場関係と思える写真もあったが、どこも軍需機密だから説明文などあるはずはなく、万事推測するしかない。

昭和十七年、栃木県宇都宮市大谷の大谷《おおや》採石場を軍が接収、採石場を改造して秘密地下工場を建設した。建設はやはり扶桑会。ここは現在も資料館になっているので構内の保存もよくされていて往時を知ることができる。

この資料館に貼り出されている説明板の年表に注目してみる。

昭和十七年（1942）入江侍従大谷石採掘場視察

昭和十九年（1944）陸軍糧秣廠 被服廠　大谷石採掘場を地下倉庫に使用

昭和二十年（1945）中島飛行機工場を地下工場に移転、採掘場は地下工場となる

この三行から面白いものが見える。

大谷石採炭場に宮内省の入江侍従が視察に来た。昭和十七年、当時の時勢や戦局からみ

地下工場に続く壕だろうか

て皇族の疎開先の下見だと推測できる。大谷から那須はすぐ近く。那須には御用邸がある。

同十九年には陸軍糧秣廠《りょうまつしょう》の秘密倉庫が造られた。糧秣廠とは兵士の食糧や衣服、軍馬の飼料などを調達、配給、貯蓄する施設である。この倉庫の建造や貯蔵品の運搬は扶桑会の仕事である。この陸軍糧秣廠の本部は東京湾の芝浦の対岸、越中島にある。これをご記憶願いたい。

そしてここは中島飛行機地下工場になる。中島飛行機宇都宮製作所城山工場と武蔵製作所大谷工場の疎開工場である。陸軍糧秣廠の貯蔵品は各所に分けて運ばれてスペースを作り、大工場が造られた。

この工場では四式戦闘機「疾風《はやて》」が製造されていた。疾風は「帝国陸軍の新鋭戦闘機」とされ、その高性能で戦局挽回の切り札ともされていたものだ。中島は同機を三五〇〇機製造しているので、この大谷でも相当の数が造られたはずだ。

戦後、米軍が疾風を接収してテストしたところ時速六八七キロを記録。米側を驚嘆させた。こんな最新鋭機が地下深くで隠れて造られていたのだと思えば、戦争末期の悲哀すら

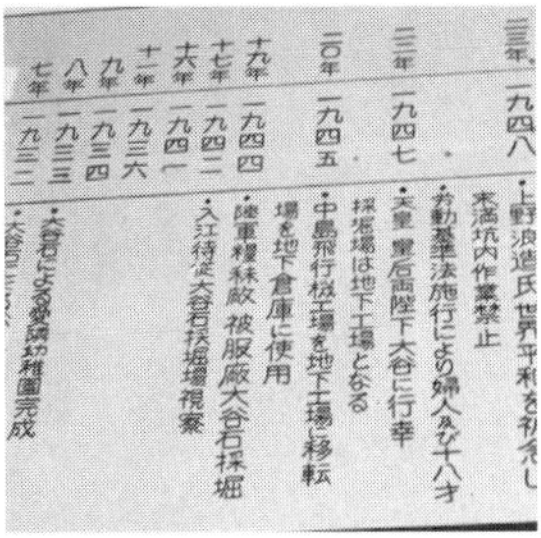

資料館に掲示の年表

感じる。

地下工場の広さは約二万平方《メートル》（一四〇《メートル》×一五〇《メートル》）、深さは平均三十《メートル》で、深い所は地下六十《メートル》もあった。これだけ深いと空襲されても爆弾は無意味。まして空からは地下工場はまったくその気配も見えなかったようで戦時中に一度の空襲もなかった。

扶桑会の労士達は地下工場ばかりでなく港湾整備や飛行場建設にも大いに貢献している。労士達の突貫精神はまさに「軍服を着ざる勇軍」であった。

習志野の下総飛行場建設の突貫工事が典型だ。もとは武蔵野カントリークラブというゴルフ場だったが昭和十九年に陸軍が接収、米軍のB29迎撃を目的とする飛行場を造ったのだが、その工期は五ケ月だった。飛行場だから滑走路を造ればいいというわけではない。

「疾風」の胴体から尾翼の部分。これらを製造できる広大な工場だった。　＝日本帝国の歴史より

管制塔、格納庫、整備工場、また空襲に備えた対空・防空施設もいる。それらを見事成し遂げている。

八丈島の防衛道路もそうだ。八丈島の幹線道路は島の海岸線を一周するものだった。それでは艦砲射撃ですぐに寸断されてしまう。それを防ぐため八丈島を縦断する道路を造った。丘陵地を切り拓く難工事だ。また、本土決戦の最初の防衛拠点が八丈島になることも予想し、縦断道路沿いには多くの地下壕を同時に造った。地下壕には部屋がすっぽり入る大きなもの、ゲリラ戦に備えた袋小路、迷路状のダミーの壕など無数にある。これを昭和十九年三月一日に起工、同年八月三十一日に竣工している。僅か六ケ月である。

昭和十八年から終戦まで、日本国内で施工された大工事のほぼ全てに飛田の扶桑会が関わっていたとみて間違いはない。そこには「仁義」と「労士魂」で武装した一四〇万人の自由労働者がいたのだ。

ここで重要なことをしつこく書く。

扶桑会は自由参加の会である。百四十万人の自由労働者は、徴兵や徴用をされて来たのではない。まして強制連行などない。彼らは自分の意志で自分たちが暮らす国のために自分たちが得意とする土工仕事、力仕事を担いに来ているのだ。無論、己の生活のためもある。しかしそれ以上に、自分たちが流した汗が、御国のため国民のためになっていることに喜びを感じられるようになり、更なるよい仕事をするようになっていたのである。それを生み出したのが仁義の精神。仁義とは自己犠牲に立脚しているから美しいのである。

飛田の本心をここで書いてしまっては、それこそネタバレだが、実は飛田には御国より大切なものがあるのだ。それは下層労働者の生活を守ること、下層労働者の人権を守ること、つまり弱い者の味方になることとである。

これを実現するために飛田は手段を選ばない。例えば、「東京市民が水に困らぬようにダムを造る」、「子ども達のためにサーカスを」、「御国のために地下工場を」等々、一見、国家大衆のために工事をしているようにみえるが、そうではないのだ。それらは方便で、飛田の本心は、自分の目の届く範囲で出来るだけ多くの下層労働者を使いたい。そうすれば従前のような悪徳業者がしていた過酷な労働や理不尽な奴隷的労働環境、中間搾取をなくすことができる。そして下層労働者が単なる労働力ではなく、人間らしい心根と暮らしを得ることが出来る。そのために大きな工事をどんどんとって来る。それが国家事業ならなおいい、お上の御旗を借りて下層労働者を救済する。

そういうことなのだ。飛田の軸足は全てが下層労働者の地位向上なのである。だから時には皇室だって、陸海軍だって利用してしまっているのだ。

大日本労務供給組合、東京倉庫運送仲仕業共済組合、日本造船協力団等々、飛田が創設した各団体も全て下層労働者を救済するための組織である。これは各方面からの風除けの役目もあった。

——このように飛田の着地点は明確。実に分かりやすい論理なのである。

飛田は再々こうも言っている。

「丁稚奉公と言えば聞こえはいいが、人身売買じゃないか。日雇いの土工や人夫の使い方や扱いは奴隷制度と変わりがないじゃないか。こんな制度が江戸時代から変わらず続いている。このままにしておいて、いいのか！」

飛田はこんな制度にも手をつけようとしているのだ。

何でそこまでやるのか？　と訊けば飛田はこう言うだろう。

「弱きを助け、強きを挫く。それが日本人だ！　俺は日本人だ！」

中島飛行機半田製作所と海軍大臣ニセ電報

昭和十九年（1944）十二月七日午後一時三十六分、東海地方をM7・9という大地震が襲った。震源地は三重県志摩半島南南東沖。その対岸、知多半島の半田市は沿岸部を中心に壊滅的な被害を受けた。昭和東南海地震である。

中島飛行機半田製作所は、海岸を埋め立てた百万坪を超える広大な土地に建つ十四棟の大工場と近隣の紡績会社から賃借した工場群で成っている。地盤の弱い本工場群、紡績工場独特の柱が少ない鋸《のこぎり》屋根の造作。これらは地震の絶好の餌食となった。工場の半数は倒壊、残りの工場も生産開始などは、ほど遠い状態となった。

地震による死者は、半田市全体で一八八名、そのうち一五三名は中島飛行機の従業員だった。地震は工場稼動中の平日の一時半に起こった。工場では工員たちが隙間をおかずに並ぶように作業していた。そこに天井の梁《はり》が落下し壁や柱が倒壊する。機械・工具も散乱。その下敷きに。それらが主な死因だった。

吉野工場の悲劇は、女子挺身隊（動員女子学生をこう称した）の昼休みだった。

彼女たちの持ち場は昼食時間帯も作業を止めない職場だった。昼休みも交代制。午後一時から休憩のグループ数十人は工場の外庭で昼休みを楽しんでいた。他愛無いおしゃべり、明るい笑い、そんな楽しい輪に突然、煉瓦造りの巨大な煙突が倒れ込んだのである。女子学生十人が亡くなった。

これらの惨状のただ中にいた斉藤昇第五組立工場長は後の手記で、「崩れ落ちた工場の屋根、床には工具や機械類が散乱している。これでもう戦争は負けた、と思った」と語っているほどの有り様だった。

斉藤工場長ばかりでなく海軍の上層部も同様の思いで顔色を変えた。戦局は良くない。これ以上、飛行機の生産が減ると致命的だ。戦時下である。情報は完全に統制されていて、地震の被害は隠蔽《いんぺい》されているが、大地震の大規模な被害状況は隠しようがない。米国の偵察機が再三、空撮のため飛来している。

このままではいけない。

誰もがそう思う。しかし、屋根がずり落ちて建物の中まで丸見えになった工場、ひっくり返った機械、ぽっきりと折れた電柱。こんな瓦礫《がれき》の山を目の当たりにしては、まったく手の打ちようがなかった。

惨事の三日後、十二月十日のことだ。

数百人の屈強な男たちが半田製作所の門を続々とくぐって来た。その手にはスコップや鍬、つるはし。三百人、いや四百人はいる。服装はばらばらだが、誰もが地下足袋に鉢巻姿だ。

一団の先頭に立つ厳つい顔の男が大声を上げた。

「この地震は御国の一大事だ。飛行機工場を早く復旧して、一日でも早く軍用機の製造を再開させる。そのために扶桑会はあるっ！」

そして男は檄を飛ばした。

「さあ、掛かるぞ！　土方だって御国の為になることを見せてやれ！」

お〜っ、という掛け声と共に地下足袋の一団は潰れた工場の瓦礫の撤去に取り掛かった。その有り様はまるで既に打ち合わせを済ませていたかのように手馴れていて、そして組織だった作業ぶりであった。

この一団を率いてきた厳つい顔の男が飛田勝造である。

「遠路恐縮です。飛田さん、助かります、助かります」

藤森正巳が飛田のところに駆け寄って来た。藤森は半田製作所の事実上、トップの経営者で中島飛行機創業者の中島知久平の懐刀である。

飛田は藤森に一礼して、

「遅くなりました藤森さん。東海道線が掛川か袋井あたりで線路が切れていて関東から人手を連れて来られない。きょうは京都、大阪の連中を連れて来ました。そんなことで人集めに手間取って遅れてしまいましたが、貨車で九台分、人と道具があります。少しはお役に立つでしょう」

こうして飛田は四百人もの労士を引き連れて中島飛行機半田製作所へやって来たのだが、この裏に次のような秘話があった。

藤森が震災で崩壊した工場群を見た時、真っ先に彼の脳裏を奔ったのは飛田勝造のことであった。――飛田の力なら工場復旧ができる。否、飛田の力を借りなければ工場の復旧はできないだろう――。

そう思いながらも藤森は飛田に連絡が出来ずにいた。実は昭和十五年（1940）に藤森は飛田と大喧嘩をしていたのである。

それは立憲政友会の分裂騒ぎの時だ。政友会は中心勢力の久原房之助、鳩山一郎ら久原派の主導に反発した中島知久平らが政友会革新同盟（中島派）を結成、中島の政友会総裁就任を目指していた。政争は徐々にエスカレート、中島派は政友会の本部をいきなり占拠するといった過激な行動に出たのである。

飛田の古くからの盟友、大野伴睦は久原派の幹部である。困った大野は飛田に電話。

「どうにかならんか」。「わかった」とばかり飛田は準備に入った。

一方の藤森は中島知久平の側近中の側近。中島政友会総裁誕生を心待ちにする立場だ。二人はまともに対立する関係にあったのだ。

政友会の本部事務所は中島派の議員や秘書が占拠していた。機関誌を発行する編集部も中島派が掌中にして、「中島派正当論」を次々と発信する。久原派は思わぬ展開に大苦戦であった。

そこに現れたのが飛田である。飛田は子分十数人を引き連れて政友会本部に乗り込んだ。机や椅子でバリケードを築き、懸命に抵抗する中島派の議員や秘書たち。しかし、喧嘩のプロ対センセイたちの争いは争いにもならない。政友会本部はあっという間に飛田の手に落ちた。そして久原派の許に戻った。

中島派の本部占拠は解かれ、久原派有利の流れかと思いきや、政友会全体はこれら中島派の新体制運動に押されるように解党の方向に進む。そして十月に大政翼賛会へ合流してこの騒動は終結した。


政争は終結したが藤森の腹の虫は治まらなかった。政友会本部に子分を引き連れて乗り込み、中島派を追い出した飛田の行為を藤森は許せなかったのだ。それは自分の親分たる中島知久平がコケにされたのだから当然である。

憤慨した藤森は飛田に電話して怒鳴りあげた。

「政治の争いに腕尽くで介入するとは、けしからん！　飛田さん！　君は自分を何様だと思っているんだ！」

「藤森さん！　あなたこそ口が過ぎるぞ！　本部事務所を一方的に占拠して己の都合のいいように使うのが政治なのかい。それが政策かい！　ヤクザ顔負けじゃないか」

そんな調子で再々罵り合う二人であった。

　その二年後の昭和十七年春、藤森は中島飛行機半田製作所建設の責任者となった。軍用機大増産のための東洋一の近代工場の建設である。時局も逼迫、突貫工事である。建設労働者はいくらでも欲しい。本社は飛田の潤沢な労働力を借りるように再々勧めるが藤森はそれを拒否、「できるだけ地元の労働者を使いたい」との理由を押し通して、ついに半田製作所の建設には飛田の扶桑会から一人の労働者も受け入れなかった。「地元の労働者を使う」というのはまったくのへ理屈。藤森には中島社長をコケにした飛田の力を借りるという選択肢はもとよりなかったのだ。

　この時期、日本で建設される軍需大工場建設で飛田の有する労働力を使わなかったのは半田製作所だけである。このことを飛田が知らないはずはない。「この野郎！」と思いながらも、「なかなか骨があるじゃないか」の気持ちもあったのである。

　だが、地震でぺっしゃんこになった工場を前にした藤森はそんな意地も張れない。頭を抱えた。そこに本社から電話、「工場の復旧のために海軍が二個中隊の兵隊を送ってくれる」というのだ。それを聴いて藤森は決断した。

「兵隊が千人来ても所詮素人だ。飛田傘下の土工の百人にもかなわない」

藤森は海軍からの派兵を止めると飛田に電報を打った。

実はニセ電報である。

「ナカジ　マハンダ　ガ　ジ　シンノヒガ　イ　キワメテダ　イナリ　イソギ　フツキユウノオウエンサレタシ　カイグ　ンダ　イジ　ン・ヨナイミツマサ」（中島半田が地震の被害極めて大なり急ぎ復旧の応援されたし　海軍大臣・米内光政）

このウナ電（至急電報）を受け取った飛田は腹を抱え、ひっくり返って大笑いだ。その大笑いの声に隣室にいた男たちが何事かと駆け込んで来たほどだった。

「藤森のやつ、まだ意地を張りやがって…」

ここでもう一度大笑いすると、真顔になった飛田は、

「人を集めろ！　四、五百人はいるぞ。愛知県の半田市だ。足を手配しろ。明日の朝にも出るぞ。俺も行くっ！」

藤森の打った電報、海軍大臣名は無断借用である。

飛田は日常的に海軍の仕事をしているので、「海軍電報」はどんなものか熟知している。

用紙・様式からして違う。さらに軍用なら軍用官の赤い判が押してある。今、この手にある電報はそうでない。民間発信の電報であることは一目で分かる。

対する藤森も海軍兵学校出身。卒業時は恩賜の短剣を受けた頭抜けた秀才で現在も中島飛行機勤務ながら海軍大尉の地位にある。

そんな二人が「海軍電報」を巡って、まさに謎掛け問答をしたのである。

実はお互いに、こう言いたかったのだ。

「飛田さん、半田製作所が困っている。助けてほしい。だが今までの経緯があるから素直にそうは言えない。飛田さんだってそうだろう。今更、藤森を助ける気にはなれまい。だからここは藤森でなく海軍大臣を助けると思い、手助けをしてほしい」

「藤森さん、わかったよ。俺もあんなに罵り合ったあんたを助ける気にはなれない。しかし海軍大臣が助けを求めているのなら話は別だ。全力を挙げて中島飛行機半田製作所を復旧してみせる！」

そして海軍大臣発のニセ電報に従って、同年十二月十日、貨車九台に乗った人と道具が破壊された半田製作所に到着したのであった。

藤森が仕掛けた勧進帳を受けて、飛田は見事に舞ってみせたのである。この腹芸たるや痛快至極である。

飛田の労士一団が働き始めた。ここに組織された労士達は年寄りが多い。戦時中のことだ。若い者の多くは徴兵されている。徴兵、徴用の資格のない年配の男しか町には残っていない。中には明らかに身体に障害を持つ男もいる。しかし、その土建作業は見事なものだった。まずは作業分担、持ち場が決まると一気に作業が動き出す。その手際は実に鮮やかなものだ。

彼らにならって中島飛行機の社員も動き始めた。高学歴の社員たちだが土建作業は本職のようにはいかない。

「おいおいおい！ そんな手つきじゃ仕事にならんぞ。もっと腰を入れてやれ！」

土方連中は口は悪いが目は笑っている。

「あかん、あかん！ 兄ちゃんらは学校を出とるんやろ。もっと頭を使わんかい！ 頭は帽子の台と違うデ」

「どうしたらいいです」

「アホ！ よう見とけ、こうするんや」

土方連にレクチャーされながら中島飛行機の社員達も懸命に働く。ここは中島の工場。土方連中は中島の復旧のため好意で汗水を流し働いているのだから、その姿を見て、心が燃えない中島の社員はいない。

「大きなプレス機械がひっくり返っているんですよ。これはどうしましょう」

「よっしゃ、これくらいは楽勝や。テコで起こすぞ。機械の下に板を敷け！もう二、三枚板を敷くんや。ええか、息を合わせてテコを押さえるんや。ええか！せぇいの、よいしょ！もう一回や！せぇいの、よいしょ！」

見事、横転していた十トンプレス機は、どっこいしょとばかり起き上がった。

床のあちこちに横転していた数トンもある大型機械の全てが手作業で半日もかからず元の場所に戻った。

土方連中に見よう見まねのレクチャーを受けた中島の社員たちは、どんどんと良い仕事をするようになる。半田製作所に職員・工員は二万数千人いる。そのマンパワーは大きい。再建と

藤森 正巳

この人の中島飛行機への貢献は際立っている。アメリカ仕込みのシステム工学の導入での工場近代化。戦後処理では、興銀の金庫を差し押さえる離れ業もみせた。詳しくは『中島飛行機の終戦』（新葉館出版）に。

いうまではいかないが、倒れた柱、転がった機械類の大方は元の位置に戻った。わずか三日で組立第四工場は稼動できるまでになった。

事実、地震で大打撃を受けた半田製作所だが、この十二月の生産台数をみると「艦上攻撃機・天山」は前月の四割減の五十一機と落としたが、翌月は回復した。もう一つの「艦上偵察機・彩雲」は例月通りの二十五機を生産している。数字的には震災に負けていなかったのだ。

労士達は三日間、働き通した。彼らには「これが俺たちの戦場だ」の信念が見事に根付いていたのである。

四日目の朝、労士一同は帰還することとなった。

「これでひと段落ついたから、俺たちは引き上げる。これから名古屋の三菱重工だ。あそこもひどいようだから応援に向かう」

そう言って列車に乗り込もうとする飛田を呼び止めた藤森。彼はリュックサックを一つ、抱えるように差し出した。リュックサックには紙幣が詰め込まれていた。

「何だねこれは、藤森さん」

「今、この工場にある全部のお金です。みなさんの飯代の足しにしてください」

そして藤森は続けた。

「空襲も激しくなっています。このところ半田の上空にも毎日のように敵の偵察機が来ています。この工場もいつ空襲されてもおかしくない。そこで半田製作所を半田市の丘陵部と石川県の小松に地下工場を造って移転する計画です」

「俺も聞いていますよ」

「その工事をぜひ飛田さんにやっていただきたい。必ずお願いします」

すると飛田は藤森の目を見ながら、

「今度は総理大臣名の電報が来るのかね」

二人は顔を見合わせて爆笑した。


終戦後、二人の関係は良好に続いた。

藤森は数年に一度は青梅を訪れている。その時はいつも飛田の案内で奥多摩に遊び、老舗蕎麦店・玉川屋で打ちたての蕎麦をすすり、銘酒・澤乃井を土産に貰って帰るというのが定番だった。肩の凝らない、よい付き合いだった。

帝国陸海軍の最上層部と飛田。驚きの関係

扶桑会の活動で飛田は「下層労働者の自立」を充分に助けることができた。さらには扶桑会一四〇万労働者を傘下に治めたことで国家的な大事業にも数多く関与することとなる。これにより飛田の望むと望まざるに関わらず各方面への影響力も強まり、社会的立場も高くなっていったのである。

驚くべき事実を知った。

まさに驚くべきことに、飛田が終戦の日程や終戦を勅令する御前会議の日程まで知っていたことが分かったのだ。それは筆者の手許にある「飛田の自筆原稿」からである。この原稿から、飛田と陸海軍の上層部との深い結びつきも分かり興味深い。

長い文章の中から終戦直前の部分を転記する。当て字を含め、ほぼ原稿通りの転記である。（）は筆者の注釈。

（略） 私（飛田）は（昭和二十年）八月一日広島大本営に師団長松村少将と対談して、二日京都、三日大阪は各支部に扶桑会役員に戦争対勢の指命を発して、名古屋の

支部に立ち寄り、支部員に大戦の心構えを指導して、五日夕方帰京、六日早朝原爆投下の報を聞き、即こく海軍省に出仕し、保科軍務局長に面会して、其の対策を打合わせして、陸軍省にカケ付けた。吉積軍務局長に面会是れえた。対策を打合せて、軍需省航空兵器本部長、遠藤三郎中将に面談、対策を打合せ、内閣に至りて、迫水久常書記官長とも打合せた。

要は終戦の機至りて、万事終了した。

八日、天皇陛下の御前会議に於いて、終戦を決せられるとの事。而して我扶桑会もよく戦ってくれた。御上の御意志を拝してから、終戦の儀は国民に報じられるであろうが、扶桑会はそれまで極秘の中に、心の締めくくりをして待機せよとの各省局長の意見であった。（略）

まったくもって驚くべき記述だ。

広島への原爆投下の翌日、飛田は海軍省に行き保科軍務局長、陸軍省では吉積軍務局長、さらには軍需省で遠藤航空兵器本部長と面談している。彼らは陸海軍を統帥する陸海空の軍部のトップである。当時の日本を動かしていたのは彼らだと言っても過言ではない。そんな要人と広島被爆で大混乱だったまさにその日に、終戦に向けての打合せをしているのだ。さらには内閣に行き迫水久常書記官長と打合せている。そして終戦を決めるための、天皇の御前会議の日程まで知らされている。

　飛田勝造とはどんな男なのだ。この一日の動き。これだけでも飛田と軍部との強烈ともいえる関係を証明して雄弁である。

　しかし、この原稿を初めて読んだ時、筆者の率直な感想は、「嘘だろう…」だった。

　だって日本に原子爆弾が落とされた翌日に、陸海空軍のトップに次々と会い、善後策を相談するなんて、総理大臣ならいざしらず、一平民ができるわけないだろう。と思えてならなかったからだ。

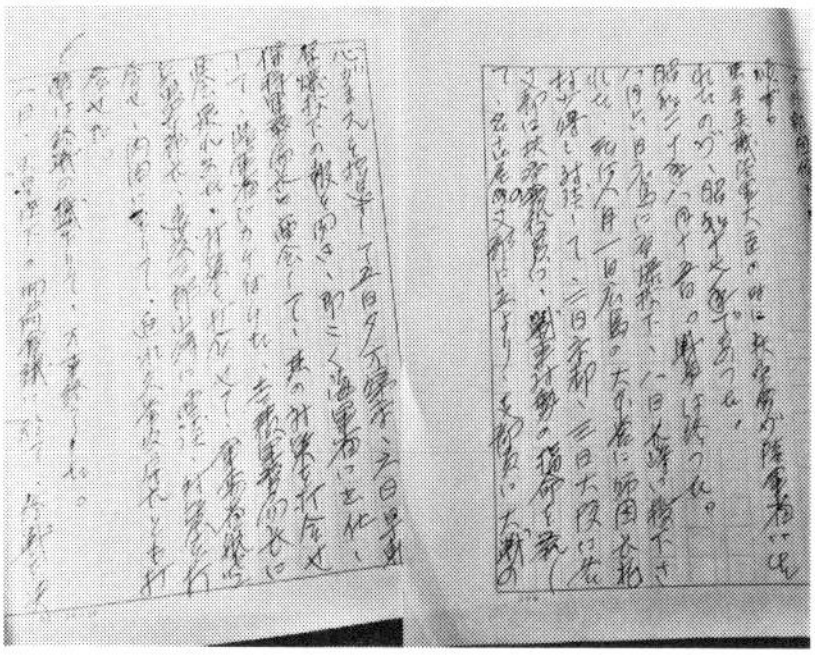
飛田の自筆原稿。終戦を事前に知っていた

　この原稿を何度も読んだ。該当文の前後の長い文章も読んでみた。そしてたどり着いた結論は、「これは事実に違いない」であった。

　この原稿は前後の文章から昭和二十四年から三十年までに書かれたものと判る。原稿用紙に書いているのは本にして発表するためであろう。飛田の他の原稿やメモは筆者が山ほど見ているが、失礼ながらどれも誤字、当て字だらけの書きっぱなしが多い。飛田独特の造語も多い。しかしその点、この原稿は清書されたものだ。他人に読んでもらうための様々な推敲《すいこう》は済んだものと思ってよい。

そして肝心なこと。文中の八月七日の登場人物はすべて実在の人。特に保科善四郎海軍軍務局長、吉積正雄陸軍軍務局長、迫水久常書記官長は戦後も飛田と交際があった人で東山荘に何度も来ている仲だ。特に吉積とは親しい関係で飛田の生前葬で来賓代表で挨拶しているほどだ。

そんな親しい友人たちを日本の歴史に残る重要な日の出来事を作り話に曲げて、そこに登場させることなどない。断じてないと言い切れる。

この逸話は事実なのである。

戦災孤児の救済

終戦。その年、飛田は西多摩郡青梅町根ケ布《ねがふ》に移り住んだ。そして一万数千坪の土地を手に入れ、「東山農園《とうざん》」を開園した。

農園を造った表向きの理由は、「日本が食糧困窮の折、食糧の増産」であるが、その本心は例の通り、「下層労働者の仕事の確保」や「その精神鍛錬導場の建設」である。それに加え、この度は「浮浪青少年の救済」もここに入れた。

すっかり焼け野原になった日本の都市。道端には戦災孤児といわれる少年少女が数多く暮らしていた。多くが空襲で家も親兄弟も失った子ども達だ。行き所を失った子ども達は「浮浪児」と蔑視されながらも懸命にその日その日を生き伸びるしかなかった。

生きる手段は街頭の靴磨きもあったが、食うや食わずの戦後混乱期、靴を磨かせる客はそうはいない。仕事がなければ物乞いしかない。物乞いが不調なら盗みに走る。また、闇市を仕切るヤクザの手下になって小銭を貰う子も少なくない。そんな子はやがてヤクザの道に入る。

建設当時の東山農園　正面の山肌辺りに宿舎を建てた

飛田はそんな有様を見逃さなかった。新橋、上野、新宿、池袋。東京中の闇市の盛り場を回り、浮浪児たちを説得、東山農園に連れて来たのである。

農園の高台に数十棟の宿舎を建てた。子ども達の住居だ。そこには小学生もいれば高校生位の子もいる。さらには中央大学や東京農大の大学生もいた。さながら東山学園のようであった。

飛田は子ども達にも仕事をしっかりとあてがった。それは今後、社会で生きていくための訓練。いわゆる手に職をつけるのである。同時に怠惰を嫌い、勤労の精神を植え付ける。それが飛田の〝弱者救済の手法〟である。

開墾に励む若者たち　こうして農園は広がった

子らに与えた仕事は、まだ大部分が雑木林や荒れ地だった東山農園の開墾、整地だ。子ども達は誰に教えられることなくチームを組んで荒れ地の開墾を始めた。

「あの丘をA高地とする。その右の高台がB高地である。その奥がC高地だ。まずはA高地を攻略する。総員掛かれっ！」

「おーっ！」

戦争で孤児になった子らなのに、戦争ごっこを楽しむように仕事に取り込んでいるのだ。逞しく頼もしいが悲しい光景でもある。

「ここで芋や野菜をいっぱい作るんだ。収穫したら腹を空かして泣いている街の子ども達に食わしてやるんだ。喜ぶぞ！」

農園で働く子ども達は、つい先日まで腹ぺこで街をうろついていたのだから、この言葉は心に染みる。振り下ろす鍬にも力が入った。

農園は畑ばかりでない。牛も飼った。山羊も飼った。鶏も飼った。そんな家畜のための小屋もいる。子ども達は見よう見まねで農耕や酪農、そして建築のまねごとをしながら少しずつ技術を身につけ、やがて本物の職人に育っていくのだ。

この子達がやがて一人前となり全国各地にちらばって行った。そして東山農園で身につけた飛田の教え、「弱い者を助ける」「勤勉たれ」などの思想を各地で少しずつ、自然に浸透させたのである。

第七話　昭和の大物たちと驚きの交流

吉川英治と大多摩観光協会

日本を代表する大作家・吉川英治と飛田、そして多摩の開発は何とも意外な組み合わせなのだが、これが妙に噛み合っていたのだから実に興味深い。終戦直後の吉川と飛田は、まさに二人三脚のように歩調を合わせ、熱心に多摩観光事業に取り組んでいたのであった。

吉川は『宮本武蔵』や『鳴門秘帖』等の大ベストセラーを書いた国民的人気作家で昭和十九年（1944）から家族とともに青梅に疎開していた。終戦、吉川は敗戦のショックと同時に戦犯として処罰されるのではないか、公職追放されるのではないか、作家活動も制限されるのではないか、などの恐怖から執筆ができなくなっていた。なぜならば戦時中の吉川はかなり積極的に戦争賛美に加担していたからである。

吉川は海軍軍令部の勅任嘱託として海軍の戦史編纂に関わっていた。また、『従軍ペン部隊』の主要な一員として中国の南京、漢口に派遣され、戦争賛美ともいえる記事を数多く書いた。さらに複数の新聞小説も戦争を美化するものだった。これは吉川ならずとも当時の作家たちは戦争を全肯定する立場でしか作品を書けない時代だったからやむを得ないことなのだが…。

ともあれ、そんな傷心の吉川の前に現れたのが飛田であった。

――国が破れても残った山河を守ろうじゃないか。

――美しい多摩を国立公園にして諸外国や大資本から守ろうじゃないか。

――疎開以来、お世話になっている青梅、多摩に恩返しをしようじゃないか。

吉川は飛田のこれらの提案に即座に同意、以後行動を共にした、というより、どちらかと言えば吉川が積極的に動き出していた。それは敗戦ショックを紛らわすためもあったろうが、純粋に「この美しい多摩の山野を大切にしたい」という気持ちと同時に飛田勝造という男への興味も大きかった。

二人は地元多摩地区の有力者を賛同させ、社団法人大多摩観光施設協会を創設した。昭和二十一年（1946）九月のことである。素早い仕事だ。組織をみると、飛田会長、吉川副会長のような関係である。吉川は国民的な大作家。対する飛田は地位もなく浪人同然。さらに吉川は明治二十五年（1892）生まれ。飛田は明治三十七年（1904）生まれ。吉川は飛田より一回り年長。だから序列が違うように思うが、こと奥多摩観光事業に関しては吉川にそれを気にする様子はなかったようだ。

それは掲出の写真でよく分かる。

写真は青梅の延命寺でのもの。時は昭和二十二年の

吉川の姿勢がよく分かる写真。青梅・延命寺にて大塚社中一同

正月、つまり大多摩観光施設協会創立の翌年の会合である。

床の間を背に座る前列の着物姿は飛田。その向かって左隣の背広姿が青梅町長の宇津木林蔵。そして吉川は左手前の末席にいる。本来なら全国的な著名人の吉川が座る場所ではない。町長の隣にでんと座って当然だが、吉川は観光協会の事務局長的な立場を選択していたことがよく分かる写真だ。ちなみに宇津木町長の一人おいて隣の和服の女性が吉川英治夫人、文子さんだ。

観光協会活動内はともあれ、普段の二人は、「飛田君」「吉川さん」と呼び合っていた。また、奥多摩山中への調査・視察の際、一頭しかない馬には吉川が乗り、飛田は徒歩だったから、互いに長幼の序の意識はあったようだ。

吉川は、飛田に深い興味を持ち、ある種の畏敬の念さえあった。それは飛田の「下層労働者の救済」、「下層労働者の地位の向上」などに大いに共感するところがあったからだ。

それは吉川がまさに最下層を歩んできた体験からの共感である。事業破綻の貧困家庭で幼少期を過ごし、学歴は尋常高等小学校中退。そして家を出て、青年期は横浜ドックの人夫、活版工など職を転々、行商人もした。すなわち下層労働者そのものだった。さらに横浜ドックでは仕事中の大怪我も経験、怪我をした労働者の悲惨さも味わった。また、浅草・吉原遊郭のごく近くの下町に棲み、遊郭の遊女や男衆の暮らしも間近に見てきた。作家になるとそのような人生体験を肯定し、また否定しながら吉川哲学を構築していったのである。

そんな吉川が、自らが生きていた下層階層の人に対し、やさしい目と力強い手を差し伸べる飛田に敬慕の念を抱くようになっても不思議ではない。むしろ当然ともいえる。だから、多摩開発活動にあたり吉川は飛田を立てることに抵抗はなかったのだ。かえって「奥多摩に下層労働者の理想の郷をつくる」ことを応援したいという思いもあったはずだ。

吉川のよく知られた名言、「職業に貴賤はない。どんな職業に従事していても、その職業になり切っている人は美しい」がある。この「どんな職業」の人とは土工や人夫、遊女等、下層に働く人を指しているのは明白で、そこには飛田の影響が見え隠れしている。

協力関係になった吉川と飛田。お互いに貧しい育ちで無学歴、だが熱心な独学で学力をつけた。そして世に出た。そんな共通点はあるが、吉川と飛田の性格は真反対なのである。

吉川は几帳面で損得勘定はしっかりとする。それは幼い時に親を失い、九人もの弟妹の生活を一家の大黒柱となって支えてきた体験が根底にあるからだ。そして、貧困、無学歴などの困難を乗り越え大作家になったのだ。

当時の文壇を構成する作家達をみると、高学歴の秀才、あるいは裕福な商家の子息が主流だった。事実、極貧層の人間が文壇に立つ、は希有な例だ。あえていうなら吉川と林芙美子くらいなもので、その林は、「貧困を売り物にしている」と文壇、論壇でさんざん苛められていた。それを横目で見ていた吉川にとって文壇は居心地の悪い環境だ。その中で作品の質だけで登り詰めた吉川である。だから彼には意地にも似た特別のプライドがあったのだ。

対する飛田は金銭的な損得勘定はまったくしない。飛田の思想は下層労働者のために成るか成らぬかが全て。まして本人の収支などは端っから念頭にない。また、社会的に成功する、社会的地位を得る、ということも眼中にはない。

飛田の「弱きを助け強きを挫く」の行動が金になるわけもなく、「おれは町奴だ」と粋がる飛田の姿勢などは、吉川からすれば、かえってイライラするのだ。

しかし吉川は飛田が小河内ダム工事の時に作った日本精神修養道場は高く評価していて、「こういった考えはあっても、なかなか実行できないものだ。それをたとえ数年でも形を作った。これは歴史に残ってもいいことだよ」と絶賛、大いに興味を示した。

そこで飛田が、「小説にしてくれてもいいですよ」と言うと吉川は、「飛田君、ぼくはね、売れないような小説は書かないよ」と言った。つまり下層労働者が主役の小説は売れない。だから書かない、と言うのだ。

思えば、吉川の小説は宮本武蔵、徳川光圀、高山右近、豊臣秀吉、親鸞などポピュラーなスターを主人公にしている。また、「平家物語」や「三国志」などよく知られた古典を下敷きにした小説が得意だ。なるほど、これなら大衆受けして本も売れそうだ。

つまり吉川の作家活動は主義思想のためでなく生活のためであり、飛田の活動は見ず知らずの下層労働者を救済するという主義思想のためであって生活のためではない。

こんな真逆な違いをお互いに認めながら、時には馬鹿にし合いながらの二人三脚なのであったのだ。

だが吉川は多摩観光開発事業には、それこそ先頭に立って動いていた。ことに多摩の国立公園化には熱心で周辺には何度も足を運

馬上の吉川英治。旧青梅街道の道路改修のため現地視察。昭和21年10月。

び、国立公園の売り物となる観光スポットを探していた。

青梅市に隣接する吉野村中郷という村があった。ここを吉川と飛田が訪れた時のことだ。この村は昔から梅干作りが盛んで梅の木がたくさん植えられていた。

飛田は故郷の水戸を連想した。

「梅干もいいが、この辺り一面に梅の木を植えて水戸の偕楽園のような梅の名所にしよう。そうすれば観光客も呼べる。梅の育て方や苗は水戸に頼もう」

「それがいい飛田君、名所には名前が大事だ。中郷じゃいかん。美しさがない。ここを吉野梅郷《ばいごう》と名付けよう。梅の郷だとひと目で分かる良い名前だろう。この名を公式に行政に認めさせて地図や標示板を書き換えさせるのだ。それは飛田君、君の仕事だ」

「合点、承知だ」

こんな風に多摩地方は飛田と吉川により観光地化されていったのである。

さらに、多摩に大をつけ、「大多摩」と名付けたのは吉川である。雑誌の編集などはお手のもの、大多摩観光施設協会の当初の機関誌は殆どが吉川編集長の仕事。題字も吉川の揮毫である。

「美しい多摩の自然を守ろう」、「多摩を観光地に」、「国立公園にしよう」等と力説する飛田と吉川だったが、地元の人々は当初は冷ややかだった。

「よそ者が何でそんなに多摩のことに口を出すのだ」と言った懐疑的な声もあった。何か裏があるのではないか…、という心配である。地元の人からすればそう思っても不思議でない。まして飛田は強面《こわもて》で語気も強い。おまけに全身に刺青もある。当時は刺青イコール暴力団のイメージはないが、堅気ではない印象は強い。地元の人達は引き気味だった。

そこで力を発揮したのは吉川である。読書家ならずとも人気作家・吉川英治の名は知っている。「わが青梅に大作家が住んでいる」、は郷土自慢にもなり、「あの大先生が動いているのなら地元も知らん顔はできない」の声も上がり大多摩観光事業の追い風になった。地元の行政もここに加担、観光施設事業、国立公園化運動が盛んになっていったのである。

昭和二十五年、「秩父多摩国立公園」が指定された。

国立公園指定を待っていたように吉川は中断していた執筆活動を再開した。それに副うように飛田との距離も遠くなっていった。それまでは家族ぐるみの付き合いだったが、中元歳暮程度の付き合いになった。

後年、どちらが誘ったのかは分からないが二人は逢っている。そして久しぶりに腹を割って話し合った。淡々とした時間が長く流れ、出た結論は、「あなたとは哲学が違う」。そして疎遠になった。

昭和三十七年（1962）九月七日、吉川英治永眠。東京・元麻布の麻布山善福寺で豪奢な葬儀が行われた。飛田は供花は贈ったが参列はしなかった。焼香には後日、静が出向いた。

吉川の没後二年目のこと。第六回国立公園大会が開催され、飛田が国立公園化に尽力した功績で厚生大臣表彰を受けた。挨拶に立った飛田は「この場に吉川さんがいないことが実に淋しい。秩父多摩国立公園を生んだのは吉川さんの情熱があったからこそだ」と熱っぽく語った。

そして飛田は、その翌年から青梅の旧吉川邸を「吉川英治記念館」にするなど吉川の青梅・多摩での功績を形に残すべく動き出していた。

開店直後、紅梅苑の前で談笑する文子氏と飛田

吉川の未亡人、文子さんは吉川没後も飛田や静を訪ねて東山荘によく来ている。飛田の主催する会や祭事にはほとんど顔を出していたことは芳名帳などで分かる。また、「いろいろとご指導いただき感謝します」といった意の飛田宛ての礼状もあったから、何かと相談もしていたのだろう。

吉川英治記念館は昭和五十二年（1977）に開館。その後、文子さんは吉川が愛してやまなかった青梅市の吉野梅郷《ばいごう》に「紅梅苑」という和菓子店を開いた。前述の通り、吉野梅郷という地名も吉川が命名したものだ。「紅梅苑」は現在も老舗菓子舗として健在。紅梅の香りをモチーフとした銘菓が人気という。

潜行三千里・辻政信の奥多摩の隠れ家

ひと昔前なら辻政信《まさのぶ》は説明が不要なほど知られた人物で、「潜行三千里の辻政信」と言えば大概の人は頷いたものだ。しかし今はそうもいかないようだ。ざっと彼とその背景を説明しないと辻が飛田の東山荘に来たわけも分かりにくい。

辻は石川県生まれ。陸軍士官学校を首席で卒業、陸軍大学校は恩賜の軍刀組（首席から六位までに授与）の超エリートで常に積極果敢、強気な作戦指導をする参謀として知られた筋金入りの陸軍軍人である。

関東軍司令部の作戦参謀だった頃、肩書は少佐にすぎない彼が、強気一辺倒の発言を繰り返し、それが関東軍を引きずって国境紛争を一気に拡大させたのである。ノモンハン事件がその典型だ。太平洋戦争になってからも、シンガポール進攻の電撃作戦、フィリピンのポートモレスビー作戦、ニューギニア島作戦、ガダルカナル島の戦い、これらも辻の独断専行的な作戦の実行だった。

辻 政信
これほど毀誉褒貶の激しい人は少ない

これらにより辻は「作戦の神様」とされる一方、辻がいなければ日本はこんな悲惨な戦争はしなかったとする「辻・絶対悪」説もかなり多い。

なぜ階級の低い辻の意見が帝国陸軍を動かせたのか。その答えは明白。辻の発言は常に積極的な攻勢が最良とされた陸軍士官学校、陸軍大学校の教育方針そのものだったからである。だから辻の主張する作戦を危ぶむ参謀がいても、「軟弱者！　陸士、陸大で何を学んだのか！」と言えば相手は反論できない。そして「それでも帝国軍人か！」と一喝すれば、すべてが通った。

しかし、辻の強硬姿勢は参謀室だけではない。自ら最前線に出向き戦闘にも直接参加している。戦う作戦参謀だったのだ。そして二度も敵弾を受け重傷を負っている。さらには高級将校が専用車を使うことにも反対、「戦闘以外でガソリンを使うな」と主張、辻自身は平時は自動車を使わず歩いていた。

これら辻の姿勢が参謀室での発言力を高めることにもなっていた。


終戦前日。辻は中村明人中将のもとを訪れ、「無条件降伏となれば、皇軍に対する武装解除は必至。まことに断腸の思いだ。しかし、日本がこのまま亡びることはない。ふたたび祖国が立ち上がるときに備え、自分をバンコクの地下に潜入、待機させて欲しい」と要望。中村に戦死扱いにしてもらった辻は七人の青年将校と共に僧侶になりすましてワット・リアップに潜入したのである。

その後、辻の戦死を疑ったイギリス軍は懸命に辻を探す。その目を逃れ、逃れてバンコクからハノイ、昆明、重慶と移動を繰り返した。

そして逃亡二年十ケ月後の昭和二十三年（1948）五月、辻は北京大学古代文化史教授、新民学院考古学部教授・佐藤博士（青木憲信と使い分けている）の変名で上海から引揚船に乗り佐世保に入ることができた。

佐世保では自動小銃を突きつけられる厳しい検閲。それらを切り抜け、懐かしい日本の土を踏んだ。だが辻には落ち着く場所はなかった。妻子の待つ東京・世田谷の家は勿論、彼の立ち廻りそうな場所はGHQにより捜索の網が張られていたからである。

辻は佐賀県の小城炭鉱で鉱夫をしながら戦後日本の様子を観察、そして注意深く、戦友の家や寺院を転々とする。生国の石川県にも変装して入り、縁者や旧友の家を深夜遅くに訪ね、なにがしかの金を借りて早朝に出るといった日々だった。そして昭和二十四年六月には東京へ。杉並の宝昌寺に潜伏、そこで偶然に出会った旧知の新聞記者が飛田の青梅の家を教えたのである。

辻は飛田の青梅の家をこっそりと訪ねた。同年七月のことである。

ヨレヨレのレインコートにトランクと風呂敷包み。中折帽を目深にかぶった眼鏡の男が飛田家の門の近く、大木の木陰に隠れるように立っていた。

そこに農園から帰ってきた飛田が通りかかる。

「飛田さん……」

「おっ！　中佐！　辻さんじゃないか」

辻の風姿を見て、一瞬にすべてを飲み込んだ飛田は人目を避けて庭伝いに家の奥座敷に辻を案内した。

「噂は聞いていましたよ、辻さん。よう来られた。どうぞここでゆっくりしてください。この家には空いた部屋が十以上もあります。東山農園は一万坪あります。農園の奥にはうちの若い衆の寮もいっぱいあります。身を隠すのには絶好ですよ」

「ありがとう。お世話になるよ」

辻はほっとした表情を浮かべた。


この二人の関係もまた表面には出ていないのだが、中国時代に知り合った親しい間柄である。出会いは昭和十五年（1940）の上海であった。

ノモンハン事件は、昭和十四年に勃発した満州国とモンゴル国の国境紛争だが、実質的には日本軍とソ連軍の戦いだった。この戦いで日本軍は壊滅的な打撃を受けた。無謀とも言えるこの戦いを指揮したのは関東軍参謀本部の辻ら十数人の参謀である。過ちはソ連軍戦力の過小評価であった。これにより日本は陸軍創設以来の大損害を被ったばかりか、戦闘目的だった満州・モンゴル間の国境線の画定《かくてい》すらできなかった。まったくの惨敗である。

この責任をとらされた十数人の参謀は軒並み予備役に編入（事実上の退役＝クビ）されたが、主導者の辻は第十一軍司令部付軍紀係に転属されただけ。閑職への左遷ではあったが、まだまだ軍上層部には辻の支持者がいて彼を援護していたのである。そして、「辻の才能は陸軍に必要」との声で決着をみたのだ。

それとヘンテコなのは、左遷のようにみえるが、辻少佐は中佐に昇進しての異動だった。これは軍上層部のエコ贔屓裁定にもみえるが、後年、辻は太平洋戦争開戦時には参謀本部の中枢に復帰、数々の成功を収めている。特にマレー半島からシンガポール進攻の電撃作戦では、わずか二ケ月余りでシンガポールを陥落させ、「作戦の神様」の評価を復活させている。だから軍上層部は軍師としての辻の能力を正しく評価していたのだともいえる。

さて、左遷された辻が赴任したのは上海にある台湾軍司令部。そこに新たに設置された研究部である。仕事は南方作戦に必要な戦闘方法等の研究や資料の収集・調査。こう書けば何か難しそうだが、一口に言えば典型的な窓際業務だ。「ほとぼりの冷めるまで上海で静かにしていてくれ」というのが上層部の本音だった。

その辻の上海の宿舎が東亜洋行の三階だった。東亜洋行とは上海を代表する高級ホテル。そしてまさに偶然、その隣室の居住者が飛田であった。飛田は浙江財閥の顧問として現地の民衆工作にあたると同時に汪兆銘を中心とする親日政権の設立工作にあたっていた。

ある日、辻の隣室から「エイ、エイ」との気合いと共に、ビュン、ビュンと木刀が空を切る音が聞こえてくる。飛田が毎日行っている数百回の素振りである。

転属先が窓際の辻は、暇で仕方がないのと現場から離されたストレスもありイライラしていた。

「うるさいぞ！　隣！」

と、壁をドンと叩いて怒鳴った。

これに黙っている飛田ではない。

「なに！　誰だ、おぬしは！　出てきて文句を言え！」

「よし！　出て行ってやる！」

辻や飛田が上海の宿舎としていた東亜洋行（1926年）　＝上海年鑑より

二人の出会いは東亜洋行の三階の廊下でつかみ合いの喧嘩。ここからの始まりであった。しかし、二人が懇意になるのに時間はかからなかった。それは互いがとんでもなく高い理想を持ち、その理想にどこか共通点があったからである。

喧嘩が治まり茶飲み話になった。

まずは飛田の軍隊式秩序の不条理批判である。

「意味もなく上官風を吹かして下級兵を殴る。兵隊は殴られたくない一心で間違っていることでも、そうであります！　と従う。こんなことで本当に優秀な兵が育つと思いますかね、中佐！」

「飛田さんの言うとおりだ。強者が弱者に暴力をふるう蛮風は本来、日本人として最も恥ずべき行為だが、軍隊ではそれが必要悪として見逃されている。俺は初めて中隊長付きの士官になった時、古参兵と新兵の宿舎を分けた。接触自体を防止したのだ。こうすれば妙な蛮風は事前に防げると考えたからだ。中隊長が猛烈に反対されたが俺は押し切った。結果は思った以上に良好だったよ。不条理を正すのは精神論ではいかん。制度や仕組みを変える必要がある」

「あっしは二年間の軍隊生活でしたが、何百回も訳の分からぬビンタをくらいました。

まぁ、反対に何十回も上官を殴り倒して、お返しはしましたがね」

「そうか、それは痛快だ。日本の新兵がみんな君ほど強ければ、何の心配もないのだがね」

笑い話で落としたが、この会話は二人の距離をより近いものにした。

さらに辻はこんな話をした。

「満州国を日本が帝国主義的に支配することはよくない。満州には満州人がいる。その周囲には支那人、朝鮮人、モンゴル人の国がある。これらの人々と日本が一体となり五族共和で満州国を創り上げてソ連に対峙するべきだ。こんな考えを東條英機は嫌って俺や石原莞爾閣下をアカと蔑んだりもしたよ。でもな、飛田さん、弱い者から国も土地も取り上げて、従順に日本に従えと言っても無理があるだろう。

以前、こんなことがあったよ。満州土着の土匪《どひ》の一族が日本軍への抵抗を止め帰順してきた。東條は全員処刑しろと言った。俺はそれを無視して土匪全員をその罪を問わず解放した。東條は激しく俺を叱責したが、俺は『両手を上げて降伏してきた者を問答無用で殺すことは日本の武士道に反する』と一歩も譲らなかった。土匪一族はこのことで、日本は俺たちを殺して俺たちの国を奪うのが目的ではないのだと思ってくれて、日本軍と友好的に交流するようになったよ」

弱い者を救う、この一点で飛田は辻を受け入れたのであった。

昭和二十四年七月から辻の東山荘での隠遁生活が始まった。

辻には家の一番奥まった客間があてがわれた。障子を開ければ多摩の山々も望める実に良い部屋なのだが、おおっぴらに襖も障子も開けられない。それは飛田の家には極めて来客が多いからだ。どうかすると何組もが飛田との面会を待っていて、暇つぶしに、「お庭を拝見」、などとぞろぞろと庭に入って来る。まさか座敷までは入らないだろうが襖の先に見知らぬ人が大勢いるのは隠れている身には気持ちのいいものではない。ゆっくり本も読めない。
四、五日後、辻は飛田にこの心情を話した。飛田は「合点、承知。一日、二日待ってください」。そして翌日、「辻さん、行きましょう」と車に乗せて向かった先が奥多摩の丘陵部にある古い農家であった。
古い農家だが、つい最近まで人が住んでいた家だから日常の暮らしに何の不自由もない。家の三方は畑と荒れ地に囲まれていて見通しは極めてよく一キロ先でも見渡せる。その見渡す先は多摩川の御嶽渓谷である。そして家の裏手は切り立った雑木の山である。

「どうです辻さん。ここならゆっくりできましょう。人が来ればかなり遠くからでも見つけることができる。危なければ裏山に逃げればいい。どうです、ここを天才戦略家の辻さんに任せれば難攻不落の砦になるでしょう」

「なるほど。ありがとう。でも飛田さん、俺は攻撃は得意だが、守備は苦手だよ」

「違えねえ！」

二人は顔を見合わせて笑った。辻にとって声を上げて周囲に遠慮なく笑ったのは実に四年ぶりのことだった。

「落ち着いたら裏山を下見するといいでしょう。時々うちの若い衆を寄越しますので何なりと言いつけてください。若い衆はここから見えるでしょう、あの畑で百姓仕事の真似事をさせておきます。見張りにもなるでしょう。それと少し歩くと青梅線の古里《こり》駅があります。乗り継ぎがありますが東京都内まで真っ直ぐ行けます」

辻は満足そうに頷いた。

この場所は西多摩郡古里《こり》村小丹波。飛田は同行の若い衆に命じて車から当面の食料と百冊もの本を降ろさせて辻に渡した。そして本の上に現金を黙って置いた。十万円であった。

飛田は帰って行った。

ようやく辻に安心して暮らせる住処が出来たのである。

思えば昭和二十年八月に陸軍を抜けてワット・リアップに潜入した日よりちょうど四年である。その四年間、つまり千四百日もの間、人の目を恐れ、各所を転々とし、ただの一夜も枕を高くして寝たことがなかったわけだ。

辻はゆったりと縁側に足を伸ばして煙草に火をつけた。紫煙もゆったりと上っていった。


これより半年の間、辻はこの農家に籠もった。そこで書いたのがイギリス軍の目を逃れてアジア各地に潜伏した敗戦直後の三年間の実録本『潜行三千里』である。そして西多摩生活の翌年、昭和二十五年一月一日に戦犯解除。晴れて社会に復帰したのである。

この後の辻の活躍はめざましい。『潜行三千里』は百万部を超えるベストセラーになった。妻子の待つ世田谷の家にも帰ることができた。さらに『十五対一』、『ノモンハン』、『ガナルカナル』などを次々と出版、作家としての地位も固めた。そして故郷の石川県にも晴れて帰参。金沢市の兼六園で行った講演会には二万人もの聴衆が集まったのである。

昭和二十八年には政治家に転身、衆議院議員選挙に立候補、当選。これより衆院議員を三期、参院議員を一期務めた。

この時代になると辻と飛田の交流の記録はぷっつりとなくなる。仲違いをしたという話も聞かない。あれほど仲が良かったのに何故か不思議な気もする。

辻に十万円を渡したのは吉川英治だという風説がある。そうだったのかもしれない。また、辻が持ってきたという汪兆銘から貰った硯や陸軍所蔵の大量の古書が奥多摩の代議士・津雲国利の処にあるという。そうかもしれない。

しかし、吉川も津雲もこの当時、飛田と共に多摩開発運動をしていた飛田グループの人、いわば飛田の親しい仲間ではあるが、戦中戦後の辻とは面識も接点もまるでない人だ。まして吉川は前章で書いたように金銭にはシビアで、よく知らない人にいきなり大金を出すとはとても考えにくい。津雲も戦争加担で公職追放、国会議員でもなくなり議員復活を目指している時期だ、ここでＧＨＱの目を盗んで辻に関わり、旧日本陸軍の資料を預かる危険を冒すとは考えにくい。

率直に言って吉川も津雲も、辻に大金を支援したり貴重な物品を預かる縁も義理もない人である。

これらの風説はとても信じがたい。

だが辻と飛田のこれほどの関係は風説にすらなっていない。いつの間にか、飛田の周囲は山が霧に隠れるように見えなくなってしまうのだ。この現象は何も辻の例ばかりではない。飛田の摩訶不思議な一面がこれなのである。

『潜行三千里』の補遺はこんな詩で締められていることに注目する。

国破れたれど、山河は残っている。
やせたりといえども、この土はわれらの土だ。
断じてスターリンの土ではない。
枯れたりといえども、この山河はわれらの山河だ。
断じてトルーマンの山河ではない。
われらの血と、汗と、愛によって、緑なす山河にふたたびしなければならない。
肥料となるならば、この骨をも粉にして。

飛田は終戦直後、青梅の野に初めて立ったとき、「国破れて山河あり、とはよく言ったものだ。日本の市街地は守り切れなかったが、せめて山河は守ろう。この自然だけは米英に渡すものか！」と獅子吼《ししく》した。

そして、

大地を耕し　己を耕し　文化を耕す

祖国を愛し　郷土を愛し　近隣を愛す

と、三つを耕す「三耕の義」、三つを愛す「三愛の義」をことあれば説いていた。

辻の詩を読みながら、多摩の地で二人が、「国破れて山河あり」を語り合っている光景を連想するのである。辻は日本国すら動かした豪腕のエリート軍人であるが、ここでは間違いなく飛田勝造の影響を受けている。

梅田重夫とGHQ、そして朝鮮の李王妃

飛田勝造には片腕といわれる男が数人いた。山本為治、保科市松らである。

山本は飛田の部下ではあるが精神的な支えともなった親友ともいえる仲。その親密な付き合いは飛田が亡くなるまで続いた。

保科は飛田の人生の全てと言っても過言ではない扶桑会の事務局長。いわば大番頭。扶

桑会全般を掌握したまさに片腕である。山本も保科も共に扶桑会の設立のメンバーで昭和十八年（1943）の「血判状」にも署名がある。

　この山本、保科が表に出ている片腕なら、隠れている片腕がいた。梅田重夫である。この男が面白い。やることが豪快で相当な突破力がある。ことに戦争末期から終戦直後にかけて飛田にとって一番頼りになる男は梅田だった。

　梅田は朝鮮半島出身。その地縁を活かして扶桑会に朝鮮人労働者を送り込む仕事をしていた。扶桑会傘下には一四〇〇万人の労働者がいるが、彼らは年齢的に兵役を終えた人が殆どで若い労働力ではない。戦時中の大工事はどれもが突貫工事。さらに重機不足、燃料不足で肉体労働により人力が主である。年配の労働力では辛い。そこで朝鮮半島から若くて元気な労働者を求めたのだ。

　この当時、朝鮮は日本の統治下にあったが、朝鮮半島在住者の兵役は日本人に課せられていた「赤紙」のような一方的な徴兵制度は昭和十八年まではなく、原則、志願であった。また、志願してもそれを受け入れる日本軍側は、「思想堅固ニシテ体躯強健、精神に異常ナキ者」、「前科者殊に民族主義者、共産主義運動等に関係せし者は之を採用せず、家族にして主義運動等に関与しある家庭の者は之を採用せず」等とかなり高いハードルを設けて、朝鮮人の入隊には及び腰であった。

さらに驚いたのは陸軍が入隊した朝鮮人兵士に対する教育について書いている次の文書だ。「食習慣の欠点は品性の陶冶《とうや》と相俟ち漸《ぜん》を以《もっ》て慣熟《かんじゅく》せしむるを要す」。これを読み砕くのも躊躇するが、「食習慣があんなに悪いのは人間の品性が悪い証拠だ。これらは一気に直らないから少しずつ改善するしかない」。つまり朝鮮の文化の否定、朝鮮人の人格の否定である。当初から差別心丸出しの色眼鏡で見ていたのだ。

差別の目で見られている方が気付かないわけがない。たとえ差別されても志願して兵隊に行きたいという人は少ないに決まっている。かと言って働かなければ食えない。だから兵隊には行かないが働きたいという若い労働者が朝鮮半島には沢山いた。その人たちを募集してくるのが梅田の仕事だった。

昭和十年代半ばから終戦まで、「集団募集」「官斡旋」「徴用」などの方法で七十万人から百万人の人が半島から内地に労働者として来ていたという。平成・令和の現在、「朝鮮人徴用工」の問題は日韓の国際問題になっているので、この部分はあえて避けて通るが、雇用主が飛田勝造で募集と斡旋人が梅田である以上、扶桑会の現場では賃金未払いや不条理な労働現場はなかったはずだ。

それは飛田が日本人と朝鮮半島出身者との差別、区別は断じてしない男だからである。加えて、梅田は朝鮮人（現韓国籍）、孫海圭である。朝鮮人の彼が同郷の同胞を欺して連れてきて、欺して働かせることも考えにくい。さらには、梅田は終戦すると直ぐに家族を伴って韓国に帰っている。もし梅田が朝鮮半島の人に理不尽な行動をとった男なら帰国した途端、半殺しの目に遭っているはずだ。おめおめと家族ぐるみで帰れるわけはない。

梅田は大勢の労働者を扶桑会に斡旋すると同時に、扶桑会の一員、「梅田組」として朝鮮人労働者と共に様々な公共工事にも携わっていた。八丈島の防衛道路建設、青梅鉄道の延長工事等である。どれも未開の山中を人力中心で切り拓く作業。若い朝鮮人労働者の力が大いに役立ったことだろう。

飛田は梅田を相当に信頼していた。その何よりの証拠が、昭和二十年初夏、空襲の激しくなった東京から、妻の静、長女の喜美子、次女の義子ら家族一同を疎開させた先が梅田がいる青梅だったことだ。

飛田には扶桑会の全国組織がある。疎開先はその全国網を使えばいくらでもある。過疎地を選べば扶桑会の支部のある信州や箱根、伊豆。片腕の山本の住む京都郊外、そのいくらでもある中から飛田は梅田の家を選んだのだ。一家が疎開した頃の青梅は既に米軍の空襲を数度も受け、死者も出ていた。さらに空襲もあるはずで決して安全な所ではない。しかし飛田はここを選択した。

この時期、飛田は日本の戦局の不利を充分に知っていた。思い出していただきたい。吉積正雄中将が「皇太子殿下を預かってくれ」と飛田に言ったのが昭和二十年四月下旬。その頃、日本は負けないと思っていたのは一般国民だけで、軍上層部の多くは敗戦を予期していた。吉積クラスの高官は既に戦後処理を模索していた。飛田にもその情報は入っている。それも超一級の情報だ。何せ「皇太子を預かる」「大本営を地下に移す」作戦の当事者なのだから当然である。

その飛田が選んだ疎開先が青梅。万一の時は皇太子を預かることも覚悟しなければいけない重要な家である。その何とも凄い一家の面倒を見るのが梅田の役割だ。飛田は扶桑会の指導で全国を行脚していてこの家の面倒は見られない。万事、梅田任せ。この図柄が出来上がったのである。

一見、この家を選ぶのは、危なっかしいように感じるが、ここに飛田のしたたかさを見ることができる。

まもなく日本は敗戦する。占領軍が上陸する。朝鮮の日本統治は終わり彼らは独立する。そして反日親米の路線をとり、日本より立場が強くなる。連合軍に加わるという噂もある。日本人いじめや戦犯狩りも横行するだろう。すると飛田家の家族も危ない。

飛田の家族（皇太子も含め）の最も安全な所はどこだろう。すると、どんな山奥より信頼できる朝鮮人の有力者の家が安全だ。そこならば占領軍も見逃すだろう。もし朝鮮人の反乱があっても梅田の家なら大丈夫。梅田は朝鮮半島出身の人。母国、朝鮮半島にしっかりとした拠点も人脈もある。今まで何十万人もの労働者を募集し、雇用して来た実績から信用もある。現地では相当なクラスの親方だ。そんな梅田は必ず防波堤になってくれる。飛田はそう考えたのである。

飛田はなかなかの戦略家である。言い換えれば変わり身も早い。

終戦直後に飛田が書いた半紙が出てきた。「夢の詩」という自作の詩。筆も飛田本人のもの。当て字のとてつもない乱用は飛田の特徴である。

その詩を意訳すれば、「我が心、誰が知る。春の花、夏の星、秋の紅葉なり。そして冬の霜は冷たいが、我が心の炉火が赤々と燃えてやがてその霜を消してしまう。それがわが夢である」であろうか。つまり、敗戦の時、この身は自然体で何事も受け入れるが、わが夢（わが目的）を遮る冷たい霜だけは俺の情熱で消してみせるという、いかにも飛田らしい詩だ。

　そんな詩の内容より欄外の「一九四五」に注目である。つい先月まで飛田の書き物の年号は、「昭和」さらには「皇紀」も目立って多かった。ところが敗戦した途端、「西暦」である。飛田にとって「皇紀＝天皇暦」、「西暦＝キリスト暦」など、どっちでもいいのだ、そんなことは些細なこと。端っから目的が違うのである。

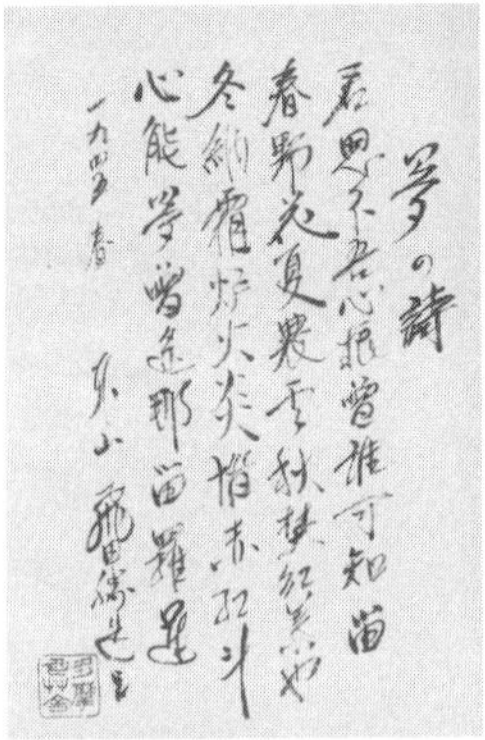

飛田の「夢の詩」。自作・自筆で一九四五とある

　さて梅田の話だ。しかしこれは単に梅田だけの話でなく、終戦直後の飛田の動きやGHQの存在等が透けて見えてくるから面白い。どうぞ、推理を働かせていただくとありがたい。

　終戦。梅田は家族と共に祖国・韓国に帰って行った。持ち船に家財道具の他、建設機材や器具を積んでの帰国だったというから、もう日本に帰るつもりはなかったとみえる。ところが三ケ月もせぬうちに梅田は日本に帰って来た。それも単身である。家族には来日の許可がおりなかったようだ。家族はその半年後に青梅に戻っているのだが、この昭和二十年初冬の時点では、梅田は家族を韓国に残してでも日本に急いで帰る必要があったのだ。

商売道具の器具機材まで持って帰った祖国から、ほんの二、三ケ月で日本にUターンした。その理由は李承晩《りしょうばん》のやり方に不満だったから、となっているが、そもそも梅田が韓国に入った昭和二十年（1945）十月頃、李承晩は朝鮮半島にはいない。その二十年も前から李は朝鮮政界で失脚、アメリカのハワイに移住していて韓国政治に直接的な影響力はない。李が韓国の大統領になったのは昭和二十三年。だから梅田の言ったとされる「李承晩のやり方に不満で韓国を去った」はあり得ない。これは間違いなく後付けの理由である。

帰国（来日と書くべきか）した梅田は米軍基地の建設等の仕事をGHQから受注して「梅田建設」として活動を始めた。戦前戦中は日本軍の軍需産業に大いに貢献していた梅田である。扶桑会のメンバーであることも知られているだろう。しかし受注。いかに戦勝国扱いの韓国人といえどこのスムーズな受注は大いにひっかかるところだ。

『重すぎた無窮花』（渡辺登志子著・文芸社）がある。これは戦中戦後の李王家の有様を内部の目線で見たもので大変参考になっている。

同書では梅田すなわち孫海圭が昭和二十一年四月に赤坂・紀尾井町の李王家に現れて献金を申し出た。そして李垠《りぎん》王の秘書、趙重九の紹介でGHQから受注できるようになったとある。その文脈をなぞるとGHQの仕事を紹介してくれた返礼として梅田が献金をしたように読める。一方的な献金では李王家の体面が悪いからだろう。しかし梅田は李王家を訪れる前年の昭和二十年暮には既に福生飛行場の拡張工事を米軍から請け負っている。既にGHQと取引していたのだ。したがって渡辺氏の記述はそのままでは受け入れにくい。

こう考えると面白い仮説が二つ立てられる。

韓国に帰国した梅田だがどうも自分が思い描いていた祖国ではない。独立直後の韓国である。相当の混乱もあったろう。梅田は日本に帰りたいと思い、ある男に連絡した。ある男はこう言った。

「今、日本はアメリカの占領下だ。何事もアメリカ次第だ。俺もアメリカ嫌いだが、これはいたしかたない。幸いアメリカとはパイプがある。帰って来てアメリカ軍の仕事をするかい。儲けはしっかりあるよ」

それを受けて梅田は日本に飛んで帰って来た。そして青梅の隣町、福生市の福生飛行場の拡張工事を請けたのである――。

もう一つの仮説。

韓国に帰った梅田の許にある男から連絡があった。

「急ぎ日本に戻って進駐軍の仕事をしてくれないか。どうしてもあんたにやってほしい仕事なのだ。但し条件がある。利益の一部を某所に回してくれ」

この二つである。

仮説中のある男とはもうお分かりの飛田である。「アメリカ嫌いがアメリカと同調、協働」したのは、飛田も岸信介も大野伴睦も児玉誉士夫も同じである。そしてアメリカとのパイプは汪兆銘グループを核とする上海人脈である。彼らはアメリカは嫌いだがアメリカの力を借りて日本を再生しようと考えたのだ。おっと児玉だけは別だ。彼は政商。アメリカは商売相手だ。

さて梅田は飛田周辺の誰かの支援を得てGHQから多くの建設工事を請け負い成功を収めたのだ。

下世話な話だが、随分と儲かった梅田は昭和二十二年十一月の東山農園の開園式に出席する際、「金二万円」の祝儀を持参していることは前に書いた。当時の二万円は現代感覚で二百万円ほど。とても農園の開園式の祝儀で包む額ではない。しかし実際に包んできている。それくらいしても当然の何かがあったのだ。

そして孫海圭ここにありと、どんと胸を叩いたのが朝鮮王朝の李垠《りぎん》王家への支援である。

明治四十三年（1910）の日本の朝鮮併合により大韓帝国は消滅した。同時に韓国の王族は王族の身分を失った。そこで日本は韓国の民族感情に配慮して韓国の王家に大日本帝国の皇族に準じる王公族の身分を与えた。李王家である。王家は日本に移住、赤坂・紀尾井町にある広大な敷地の豪邸に住み、毎月の生活費や数十人の従者の経費等も日本政府が提供していた。

ところが日本は敗戦。日本の皇族の多くは皇籍を奪われ平民になった。李王家も同様である。李王家の場合は日本国籍から韓国籍になるのだから日本との縁は切れるわけだ。日本からの援助もこの月から止まった。かと言って韓国には簡単に帰れない。韓国人からみれば李王家は韓国を捨てた裏切り者という評価も少なくない。帰国するのは命懸けだ。このまま情況が落ち着くまで日本に留まるしかない。

そんな李王家だが収入がなくなっても公族の贅沢な暮らしは直せない。たちまち資金が底をついた。

王家には現在、赤坂プリンスホテルの旧館となっている東京邸のほか、那須や大磯など数ケ所に別邸があるが、それらは日本の国有財産なので勝手には売れない。当面は王家所蔵の美術品を売って凌ぐしかなくなった。国宝級の絵画や骨董品が狡猾《こうかつ》な画商、古物商により次々と買い叩かれていった。しかし所蔵品にも限度がある。何とか収入源を探さねばならない…。

そんな時に現れたのが梅田。昭和二十一年四月三日のこと。梅田はこう言った。

「今月から王家の生活費として月三万円、献金させていただきます」

毎月三万円。現代換算を先の説明にならえば九百万円から千五百万円となる。渡辺著には「切り詰めれば、職員達の俸給もなんとかなる金額」とあった。そんな大金を毎月贈っていたのである。

これに感謝した李王家の李片子《りまさこ》王妃が青梅の梅田邸を訪れた。同月二十日である。

「李王妃殿下が梅田邸に来られた時、私は振袖を着てお茶を出しましたよ」と語るのが飛田の次女・義子さん。歓迎の席には当然、飛田もいた。

朝鮮王朝のラストエンペラー・李垠《りぎん》王の妻、李片子妃は日本の皇族、梨本宮家から李王家へ嫁いだ人。そんな本物のハイソサエティーが青梅にやって来た。

片子妃は当時の日本では知らない人がいないほどのスーパースターである。青梅市長はじめ地元の有志は勢揃いで大歓迎であった。

そんな王妃を自宅に招いた梅田は有頂天だったろう。その後、王妃は飛田の案内で川合玉堂邸、吉川英治邸を回った。この時はまだ、飛田家すなわち東山荘は出来ていなかった。

終戦直後でその身分等も確定していない時とはいえ、日本の皇族で韓国の王家の妃が一般人の家を次々と訪問する。実際にはあり得ないほどの大サービスだった。

李 片子 王妃
日本の皇族から韓国の王室に嫁ぎ激動の時代を生きた。晩年は障害児教育に尽力した。

その後、梅田は進駐軍の基地整備工事等を数多く手がけて順調に業績を伸ばした。また、韓国に残して来た家族も無事に青梅に帰って来た。これはGHQの計らいだった。

この間の梅田の動きを箇条書きにしてみる。

①戦時中は扶桑会の主力メンバーとして朝鮮人労働者の募集や雇用にあたる。

②終戦直後、家財道具、建築機材など一切を持ち家族と共に韓国に帰る。
③二ケ月ほどで家族は韓国に残して単身、日本に帰る。
④帰るとすぐの昭和二十年冬には米軍基地となる福生飛行場の拡張工事を開始。
⑤昭和二十一年四月、李垠王家に月三万円の献金を申し出る。
⑥同月、李片子妃が青梅の梅田家に。

この流れを見て、幾つかのことがはっきりと分かる。

一つは、せっかく帰った祖国、韓国から大慌てで日本へ戻る必要が出来た。それは米軍の工事をするため。それは断れないほど強力かつ魅力的な依頼だった。そして工事に着工、翌年から李垠王家に多額の献金を始めた。

ここで先ほどの二つの仮説を思い出してみると、二つ目の仮説がより面白いことが分かる。その時、ある男、つまり飛田はこう言ったのだ。

「梅田君、急ぎ日本に戻って進駐軍の仕事をしてくれないか。儲けは思うがままだ。これはあんたにしか出来ない相談なのだ。この仕事の利益の一部を李王家の生活費に寄付してくれ。李王家は王公室の身分も取り上げられ、日本からの支援も切られ、韓国にも帰れず困っている。李王家がＧＨＱに泣きついて支援も求めたが、今、アメリカが李王家に何かの援助をするとアメリカは韓国の王政復古を望んでいると取られかねない。そこでだ、ある篤志家が李王家へ寄付をした、ということでこの場を収めたいのだ。それがうまくいけば俺もアメリカに貸しが作れる」

さて如何だろう。

この話を飛田のところに持ってきたのは誰だろう。岸信介なら格好がいいが岸はこの時、巣鴨プリズンの中だ。やはり汪兆銘のルートだろうか。いやいや大野伴睦もいる。大野は韓国嫌いで有名だから李王家には関わらないようにも思うが、アメリカの依頼なら断らない。それが大野という人だ。これを元大野番記者で現読売新聞社社主の渡辺恒雄氏に訊けばどう答えるだろう。

意外と認識されていないのが不思議だが、昭和二十年（1945）九月から同二十七年（1952）三月まで日本はアメリカの占領下にあった。アメリカが日本に対して執った占領政策は植民地化ではなくＧＨＱによる間接統治だった。だから一応、日本には内閣はあったが、それはＧＨＱの全くの傀儡《かいらい》政権である。

さらに一般市民にも厳しい規制、統制があった。何をどう言おうがGHQがうんと言わなければチラシの一枚も出せない。私信も郵便局で検閲されている。俳句や短歌、川柳の同人誌さえも検閲の対象だったから新聞、雑誌などはもちろんだ。占領政策に副わない報道は完全にシャットアウト。焚書《ふんしょ》さえも多くあった。生産統制も極めて厳しく製造業、建設業など総ての商工業がGHQの監視、監督下にあったのだ。これらはプランゲ文庫（国会図書館蔵）を参照すればはっきりと分かる。

すなわち、GHQの許可がなければ何も出来ない。言い換えればGHQを使えば何でも出来た時代だ。そこでGHQやCIA（米国中央情報局）に上手に取り入って暗躍する人物が現れたのである。その人達はアメリカの権力をバックに驚くほどの力をつけた。そして彼らは影に日向に日本を動かしたのである。

影の方で日本を動かした人は児玉誉士夫。日向に出て日本を動かした人は岸信介。蛇足を書かなくとも既にみなさんがよくご存じのことだ。

さて、この梅田重夫という男は少しは世に知られてもいい人物なのだがまるで無名である。青梅市内で彼のことを数人に尋ねたが知る人はいなかった。地元の郷土資料室長が纏められたという『青梅再発見』（大倉十彌也著）を苦労して入手したが、飛田東山も梅田重夫も記載なし。あれあれと思っていると、『青梅再発見Ⅱ』で「郷土史からもれた二人」の切り口で紹介されていた。地元青梅からすると、梅田重夫も飛田東山も「漏れた」扱いのようだ。

あるいは本書で度々書いているように、あえて本人が望んで「漏れている」、「漏れさせている」存在なのかもしれないが。

川合玉堂と玉堂美術館

「漏れた」に殊更こだわるつもりはないが、青梅の歴史ばかりでなく川合玉堂の歴史に於いても凄い漏れがあった。それは玉堂と飛田のまさに特筆すべき関係である。

玉堂と飛田は終戦直後、青梅で出会い意気投合した。日本を代表する大画伯と市井の町奴の親密な交遊も奇特だが、その二人の関係を遠目に見ると、畏敬する玉堂に遠慮がちに接する飛田。それに対し、「何を遠慮しているんだ」と飛田にどんどんと近寄る玉堂。そんな図柄であった。

実は、「唐獅子牡丹の飛田」を世間に売り出した切っ掛けは玉堂の一言からなのである。だから「俠骨一代、飛田勝造」の生みの親は玉堂である。

それまでの飛田は扶桑会を率いて国家事業に関わった人物として関係各所では知られていたが一般社会では無名だった。だが、終戦から十数年後、世間に知らない人は少ないほどの人気者に一気になった。それは娯楽映画「唐獅子牡丹」が大ヒットしたからである。無論、それは飛田が売れたというより高倉健という大スターの力で時流に乗ったからであることは言うまでもないが、ともあれ、飛田勝造を知らなくとも唐獅子牡丹を背負った男一匹を知らない人はいないほどの知名度を得たのは確かだ。

さて、飛田勝造を一般社会に引っ張り出したのは牧野吉晴の『無法者一代』と富沢有為男の『俠骨一代』、この二つの実名小説である。この牧野と富沢という二人の作家に飛田を紹介したのは玉堂であった。

牧野、富沢、それに尾崎士郎も愛知県出身。玉堂を中心とした同郷の芸術家人脈で

川合 玉堂
若い時から奥多摩渓谷に通い、その美に感激、ついには移住。写真は渓谷をスケッチ中のもの。
文化勲章、勲一等旭日大綬章受賞。

ある。

富沢の同書のまえがきである。

川合玉堂先生が、あの温容に、一膝乗り出す程の情熱をこめられ、是非一度、飛田勝造さんに会ってみなさいと言っておられた。胸のすくような男だし、この人の半生なら、必ず珍しい小説が出来る筈だともいっていられた。

そして「胸のすくような男」を書いた小説が世に出て、時をおかずに映画化もされて大ヒットした。『唐獅子牡丹シリーズ』である。これは、弱きを助け強きを挫く痛快な男という点では飛田そのものだが、映画は任侠もの。つまり主人公の飛田はヤクザの設定である。ヤクザ嫌いの飛田がヤクザを演じたようなものだ。しかしこのおかげで「唐獅子牡丹のモデル・飛田」は世に出た。だが、ここで「飛田はヤクザだ」という、間違った色もついてしまった。

しかし飛田はそんなことを気にするどころか、昭和四十一年に『昭和残侠伝—唐獅子牡丹』が封切られると観光バスを仕立てて、家族、友人を乗せ、青梅から日比谷の映画館まで観に行っている。だから、まんざらでもなかったようだ。また、飛田の残した資料の中に『昭和残侠伝』の脚本の一部やプロデューサーからの手紙や招待券もあったので、この映画の内容は飛田も承知の上だったわけだ。

さらに主題歌の『唐獅子牡丹』は、高倉健が、「♪義理と人情を秤にかけりゃ　義理が重たい男の世界♪」と歌って大ヒット。ますます唐獅子牡丹のイメージは定着したのである。

飛田のスクラップを見てちょっとびっくりしたことがある。飛田が出席する会の懇親宴の最後に、「全員で『唐獅子牡丹』を合唱」と式次第にあったからだ。いかに宴会といえど「唐獅子牡丹」を数十人で合唱するとは、まぁ、いい時代でもあったのだ。その場で飛田はニコニコして聴いていたのだろうか。

ともあれ飛田にとって玉堂は大恩人なのだ。

そんなことは別にして、飛田は玉堂にまさに私淑していた。それは玉堂を「わが心の師」と言って憚《はばか》らない記述があちこちに見受けられることでも分かる。

こんな記述もあった。

「吾が画聖川合玉堂は、いたずらに画聖玉堂と衆人が言うのではない。人格、識見、卓越したる画風、公私ともに衆人の及ばざる、朝夕の起きふし。すべてを兼ねそなえたる偉人である。然して画聖と人は言い、称え讃されるのである」

富沢有為男が飛田と玉堂について書いていた。「玉堂先生にとっては、飛田こそ、描かざる愛弟子」。まさにその通り。そのまま転記する。

今春、私は奥多摩に遊んで、新成の玉堂記念館に感銘した。これは事に当って無私無欲、あくまでも大義に徹した飛田の推進力があずかって効を奏した一例であろう。これだけの記念美術館は、明治以降どのような画家を網羅してもまだひとりとして与えられていない。栖鳳や大観のような門中の大勢力を誇った大画家でさえ、一たび世を去れば、画集一つ編纂する弟子さえ見当たらぬ状態だ。最近発行された十畝画伯の大画集も、未亡人の糸子夫人が箱根の土地を切売り、切売りしながら二十年の年月を費やしてやっと完成したものである。

画弟子でもなく、肉親でもない飛田が、玉堂二世の修二君と提携してあの壮麗な記念館を完成したのには、私も舌を巻いた。飛田は一枚の絵を描いたわけでもなく、ただ、奥多摩の隣人として、しばしば故先生の謦咳に接していただけの男なのである。それがいつの間にやら故先生の徳と芸術に魅せられて、敬慕おくあたわざる近親感を持つに至った。玉堂先生にとっては、飛田こそ、描かざる愛弟子として、その思想、哲学を最も深くうけついだ人物なのかもしれない。

玉堂は昭和三十二年（1957）六月に他界。その瞬間から飛田は「玉堂先生への恩返し」を考えた。まずは「玉堂会」を創立、玉堂の作品さらにはその高邁な人格を永く後世に伝える活動を始めた。その最良の手段として玉堂美術館の建立に全力を傾注したのである。

美術館の場所は玉堂の愛した御嶽渓谷。それも多摩川のせせらぎが間近に聞こえ、川岸には山から落下した巨大な岩石がそのままにある文字通りの河川敷である。そこに豪奢で大きな建物を建てようとした。

その場所は渓谷の崖を五、六十メートルも下った所である。普通に考えれば一級河川の河川敷で建設許可の問題、道路もない崖の下に大きな建造物を造る困難さ。そんな高いハードルがあるのだが、飛田は、「玉堂先生はまさにこの場所が一番好きだった。ここを好んでスケッチをされていた」という一点で突き進んだ。

飛田はこの当時、既に建設業界に隠然とした力を持っていた。だから持ち前の豪腕を発揮。建設に関する高いハードルは簡単にクリアできたのだ。

ところが飛田にはとんでもない勘違いもあった。玉堂の留守宅には玉堂作品が沢山残っていると思っていた。飛田と玉堂の付き合いは僅か十五年、それでも飛田の家には玉堂から貰った絵画が大小二十点近くもある。だから玉堂の家には美術館に展示して余りある作品があるものと思い込んでいたのだ。ところが玉堂の家にも画室、アトリエにも描きかけの画などを入れても多くは残されていない。ご子息の所にも、あっても二、三点だった。

これにはさすがの飛田も頭を抱えた。

「このままでは展示物のない美術館になってしまう。仏造って魂入れずだ。玉堂先生を顕彰するどころか恥をかかせてしまう」

玉堂の作品を集めたい。しかし所有者の誰もが玉堂作品が好きで手許におきたいと求めたものだ。「美術館を建てたのでその絵画を寄付してちょうだい」と言ったところで、ハイと言う人は少ないだろう。

また、玉堂の絵画と一口に言うが、文化勲章を授与されたレベルの日本画壇の最高峰の画家の作品である。それなりに値段も高い。美術館に展示できるほどの作品は尚更だ。もし所有者が画商などビジネス目的の人なら、とんでもない値段を吹っかけるだろう。買い集めるとしてもそう簡単に収集はできまい。美術館建設資金とは別に大金がいる。

それから三年、飛田の奮闘が続いた。

飛田は役に立つものは総て利用した。政財界へはあらゆる人脈を駆使して玉堂顕彰の空気を作り上げた。美術館の建設工事は建設省への影響力も大いに利用した。


そんな飛田の豪腕が分かるのは美術館へ通じる道路工事の件である。当所は工事の予算は見積もっていたのだが、玉堂作品の収集で思わぬ費用が発生し資金不足になっていた。

ならばと飛田は東京都知事に直談判に出向いた。当時の知事は東龍太郎である。

「知事さん、お陰さまで川合玉堂先生の美術館の建設が進んでいます。館の建設は何とか玉堂会で頑張りますが、吉野街道から館までの道路が砂利道のデコボコ道なのです。ここを何とか都で整備していただけませんか」

「そこは都道ですか？　市道ですか？」

「いや、玉堂会所有の私道です」

「それは如何に東山先生の頼みでも無理だよ。私道の整備に都税は使えない」

「そんなことは百も承知です。そこを何とかお願いしたいと、この町奴がこうして頭を下げているんです」

「無茶を言うなよ」

そして押し問答の末、飛田が都知事にこう言った。この知事対飛田の押し問答の結論は、双方が傷つくことなく引き分けにしようという提言なのだ。

「ならば知事さん、あっしに副知事を紹介してくれませんか。副知事に東山が行くから、とだけお伝えください。詳しいことは仰る必要はありません」

東知事は困った笑いを口元に浮かべて受話器を取った。知事は飛田が何をするのかの見当はついていた。

飛田は副知事の部屋に行く。

「文化勲章や勲一等旭日大綬章を受章された川合玉堂先生の美術館がこの六月にも完成します。竣工時には東都知事に鍬入れをお願いした美術館です」

「存じ上げています。みなさんのお力で立派な美術館が建つと評判ですよ」

「ところがその立派な美術館に泣き所がありましてね。吉野街道から館の玄関口まで、わずか二、三百《メートル》なのですが、デコボコ道なのです」

「それで…」

「そこを何とか副知事さんのお力で整備していただきたい。知事も副知事さんのお知恵を借りろと仰っている。実は…」

知事が嫌な仕事を振ってきたなと渋い顔の副知事。

むっ〜、と腕を組む副知事に対し、飛田のブラフ、はったりが出た。

「完成時には天皇皇后両陛下の行幸啓があります。都知事が両陛下をお出迎えされて美術館まで先導されます。車もろくに入れない砂利道を両陛下がお歩きになるわけだ。皇后陛下がハイヒールだったらどうします。万歳を叫ぶ大勢の都民の前で砂利に躓いて転んでしまったら、もし捻挫でもされたら、などと考えるだけで冷や汗が出ますね。これは東京都の恥、知事の首だって危ないですよ」

天皇皇后の美術館への行幸啓。皇后の右上に飛田。面目躍如だ。　昭和36年10月26日

この時点で天皇皇后両陛下の行幸啓はまだ決まっていない。

しかしこのブラフは副知事には効い

た。「天皇皇后の行幸啓のための特例道路」は見事出来上がったのである。どうやら両陛下のために赤絨毯を敷くという感覚で道路整備が成されたようだ。飛田の力業が都の腹芸を生んだのである。

また飛田は渋沢敬三を前面に立てて財界、経済界の支援を取り付けた。極め付けは皇后（香淳皇后）からの金一封の下賜である。いくら飛田でも皇后の所に頼みに行けるわけはない。これは飛田の親友ともいえる入江相政侍従長の力を借りたことはいうまでもない。

これら皇室、東京都、日本の政財界が動いた玉堂美術館は昭和三十六年（1961）に無事開館した。そして同年十月、天皇皇后両陛下の行幸啓が実現した。両陛下はまず小河内貯水湖とその周辺を視察され、そして玉堂美術館への行程であった。

この小河内への行程が行幸啓に組み込まれたことからみても、この日の総ては飛田の手回しだったことが判る。

飛田の起ち上げた玉堂会は名誉会長に文化勲章受章者で日本芸術院長の高橋誠一郎、会長に榎戸青梅市長を立てた。飛田は玉堂のご子息の川合修二氏らと共に身内のスタッフの立場でこの日を過ごした。

しかし開館までの充《あ》て職ばかりのひな壇メンバーと実際に運営する業務は別だ。

「お内裏さまばかりじゃ、仕事は出来ないよ。汗をかく奴さんがいなくちゃ、直ぐに潰れちゃう」と飛田は玉堂会を再編した。

そして飛田自身が理事長となり財団法人化するなど充実させた。この体制は飛田が没するまで二十数年も続き玉堂作品と美術館を守り抜いたのでる。

令和元年の初冬、筆者は御嶽の玉堂美術館を訪問した。本書を出版するにあたり一度は行っておかねばと、恥ずかしながら初めての訪問であった。

立川からJR青梅線で一時間少々、御嶽《みたけ》駅下車。すぐ前に御嶽渓谷がある。御嶽橋から下を見る。眼下、遙かに美術館が見える。

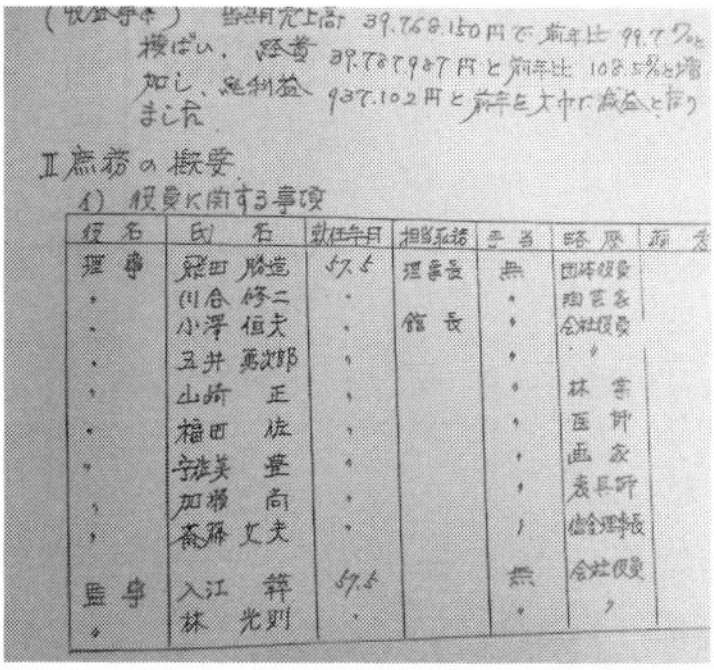
(収益事業)　当期売上高 39,768,150円で前年比 99.7%と横ばい、経費 39,707,927円と前年比 108.5%と増加し、純利益 937,102円と前年を大巾に減益となりました

II 庶務の概要

1) 役員に関する事項

役名	氏名	就任年月	担当職務	手当	略歴	備考
理事	飛田 勝造	57.6	理事長	無	団体役員	
〃	川合 修二	〃		〃	陶芸家	
〃	小澤 恒夫	〃	館長	〃	会社役員	
〃	玉井 [?]次郎	〃		〃	〃	
〃	山崎 正	〃		〃	林業	
〃	梅田 佐	〃		〃	医師	
〃	宇佐美 登	〃		〃	画家	
〃	加藤 向	〃		〃	[illegible]	
〃	斎藤 丈夫	〃		〃	信金理事長	
監事	入江 [?]	57.6		無	会社役員	
〃	林 光則	〃		〃	〃	

昭和57年の「玉堂会決算報告書」
売上高3900万円で「前年を大幅に減収」とある。飛田理事長、川合修二副理事長、小澤恒夫館長。

㊦東京都教育委員会発行の「財団法人玉堂会設立許可書」玉堂会理事長・飛田勝造宛。昭和49年3月12日付。
こうして財団法人化もした。

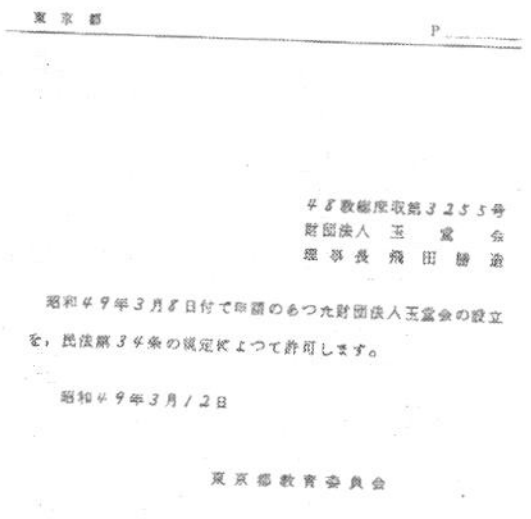
東京都　P

48教総庶収第3255号
財団法人　玉　堂　会
理事長　飛田勝造

昭和49年3月8日付で申請のあつた財団法人玉堂会の設立を，民法第34条の規定によつて許可します。

昭和49年3月12日

東京都教育委員会

「よくあんなところに、あんな大きな建物を建てたものだ」と思いながら館へ。美しい建物だ。設計は数寄屋建築の権威・吉田五十八である。「これを飛田が中心になって建てたのだ」と思うと感慨も一入だ。館内に入った。土曜日なのに観覧者は誰もいない。

「館長さんはいらっしゃいますか」と受付嬢に。出て来られたのは女性の学芸員で館長は不在とのこと。ぼくは名刺を出して、「ご存じの飛田勝造を書いています」と言うが学芸員の反応は薄い。もしやと思い、「飛田勝造、東山とも言いますが、ご存じですよね」。すると美人学芸員、「はい、昔、玉堂がお世話になった方です」。その後、二、三質問したが、それ以上は知らなかった。

それもそのはず、玉堂美術館のパンフレット、掲示物に飛田のヒの字もない。これらを見る限り、この美術館と飛田は無縁なのだ。これでは学芸員を責められない。美術館の庭に飛田の顕彰碑があると聞いていた。

御嶽橋から見た玉堂美術館

この庭は飛田が当時の造園界の雄、中島健に、「玉堂先生はこの渓谷を、ふるいつくほど美しいと仰った。その、ふるいつくほど美しい渓谷と隣り合わせて調和できる庭を造れるのは日本一の造園家、あなたしかいない」と口説き落として造ってもらったものだ。中島は日本芸術院会館の庭園や吉田茂の大磯庭園を手がけた名匠。この玉堂美術館の庭も日本の庭園・百選に入っている枯山水の名園である。

庭のどこに飛田の顕彰碑があるの？　と訊くと学芸員は玄関の外に案内してくれた。建物の外、それも美術館の敷地か隣の敷地か分からないような所に顕彰碑はあった。「何だ、こんな所かよ」と思った。美術館の説明文の扱いやこの顕彰碑の建立場所を見ると、飛田に感謝するどころか、何だか、飛田を遠ざけているようにしか思えない処遇である。

ブツブツと不満を漏らしながらの帰宅後、この「飛田東山翁顕彰碑」を撮った写真を見て頭を掻いた。現地では汚れもあってよく読めなかったが、碑の裏面にはこう記されていたからだ。

「玉堂美術館建設に貢献を成せる飛田東山翁を

「飛田東山顕彰碑」と標示
飛田は「俺の顔が少しも似ていない」と言っていた。　＝美術館前

記念する　　　昭和五十九年十月吉日　玉堂会」

飛田は昭和五十九年十一月十四日に亡くなっている。同年夏頃より体調を崩して来客も制限していた。この顕彰碑はその頃に建立が決まったものだろう。

この時代の玉堂会の面々は、飛田が美術館の建立と玉堂会の発展にどれほど苦心し貢献したかはよく知っている。そんな労苦を共にしたメンバーが、「東山先生が生きているうちに…」と急いで碑を建て、飛田に感謝の意を表したものとみる。碑の建立日・十月吉日は不明確だが、その頃の飛田は床の中だ。現物は見ていないはず。

ある日、床に臥す飛田の許に玉堂会のメンバーが碑の建築パースかデザイン画を持参して「東山先生、これを建てます」と言った。

それを受けて飛田は、感謝しながらも照れ隠しで憎まれ口を叩いた。

「俺の顔はちっとも似ていないな」

憎まれ口を叩きながらも、その眼は笑っていた。

こんな経緯なら飛田の顕彰碑が美術館の外にあっても当然だ。館内の立派な庭に飛田の顕彰碑が、これ見よがしにあったら、それこそおかしい。飛田はいつの時も自分の功績を表に出すことはない。玉堂美術館も同様だ。

飛田はこうして自らの関与や存在を隠す。それはどんな意図があるのか、あるいはこれが飛田の美学なのかは掴めないが、深い霧の中に自ら入っていっているのは確かだ。

皇太子と美智子妃(当時)と飛田
昭和55年10月14日　美術館の庭

玉堂美術館の一連は昭和三十二年から三十五年のことでもあり、物証も証言も多くあるので全容はほぼ分かる。飛田は建設面、資金面、作品の収集など総ての仕事の先頭に立ち、ほとんどを自分でやり抜いた。しかし飛田は、「玉堂の人柄は土地の人々からも慕われ、全国の玉堂ファンより自然発生的に多額の寄付が集まり美術館が建った」、「展示作品の殆どが玉堂ファンからの寄贈である」、「これだけ立派な美術館が没後、僅か四年で建ったことは玉堂の人柄のなせる業」ということにしている。つまり総ての事業は玉堂を慕う人たちが師への感謝のために厚意で成したことにしているのである。

ここまで飛田のヒの字も見えない。見せていない。これが飛田流なのだ。


但し、実際はどうだろう。この美術館建立の総費用は五千万円という。この頃の公務員の初任給は一万円少々。令和の今は十八万円強。分かりやすく十倍で勘案すると建立の総費用は現代換算で五億円。豪奢な建物からみても妥当な金額だろう。そして、これだけの寄付金が自然発生的に集まったと飛田は言うのだ。

五千万円を現代感覚で五億円として言うが、十万円の寄付が五千口なければ五億円にならない。五十万円の寄付なら一千人。いかに熱烈な玉堂ファンが多いとも数十万円の寄付者が千人も列を成すとは、ちょっと信じにくい。だが実際に資金は集まった。

これは飛田が心酔してやまない玉堂を神格化するほど最大限に顕彰するため努力した結果なのである。なお、これらは何も玉堂を貶《おとし》めんとして言っているのではないことは強く念をおしておく。

ここで筆者の推察。実は大勢の玉堂ファンの寄付の他に大口の寄付者がいた。だがその名は表には出ていない。誰だろう。その人は飛田勝造。飛田はどこかから大口の寄付を持って来た。そして自分の行動は隠し、「自然発生的にこんなに金が集まった」とポーズをとる。実にいい格好だ。

飛田はいつもこう。目的を達成するとさっさと霧の中に入っていってしまう。

東山荘の客人・稲川聖城

終戦後の飛田邸には日本の縮図のような人物往来があった。そこで生まれた「ここだけの話」は掃いて捨てるほどあるのだが、さてどこまで書いていいものやら…。

まずは一人、とても危ない男を書いておく。それは日本の暴力団の最高峰ともいえる稲川会の初代会長で総裁・稲川聖城《せいじょう》である。稲川は青梅の東山荘に何度も訪れている。

稲川が来た日の光景を飛田の孫、東児さんが覚えていて、こう話してくれた。

「稲川聖城さんは日本を代表する大親分でしょう。うちに来てくださった時の姿はどう見てもそんな怖い人には見えない。ひょこひょこと歩いて座敷に入ってゆく恰好はセールスマンのおじさんという感じでしたよ。でも家の前にはずらりと高級外車が並んでいて、ボディーガードの子分達が十人も立っている。その子分達はどこから見ても怖い本物のヤクザ。そんな感じでしたよ」

稲川会の事務所は東京・六本木。東山荘は青梅の丘。現在の高速道路を飛ばしても一時間半は掛かる。昭和三、四十年代なら二時間以上はゆうに掛かろう。その道のりを高級車を連ねて来ている。それも何度も。

何をしに来ていたのだろう。世間話？　てなことはないよね。

そう思って少し調べると直ぐに分かった。実は稲川と飛田は昭和十九年（1944）に会っていてそれ以来の付き合いだった。

当時、稲川は伊豆熱海一帯で勢力を持つ博徒、鶴岡政次郎一家の代貸だった。戦時中である。鶴岡の所に海軍から「小田原市の山間部の南足柄町近くに秘密工場を建設する。伊豆熱海方面の博徒を集めて勤労奉仕をさせろ」との動員命令が来た。発令は海軍だが地下工場建設の指揮をとるのは扶桑会の飛田である。

ここで鶴岡一家の若衆を大勢連れて飛田の許に来たのが稲川角二、後の稲川聖城である。

「どうぞうちの若い者をよろしく願います」と稲川。

「承知しました。責任を持ってお預かりします」と飛田。ここから二人の交際が始まったのである。

飛田のヤクザ嫌いは徹底している。「汗水流して働かないヤクザは人間のクズだ」は飛田の決まり文句だ。しかしこれは、「下層労働者の安い賃金からピンハネしている奴」、「イカサマ博打で下層労働者からなけなしの金をむしり取る奴」が嫌いなのであって、ヤクザ全員を嫌っているのではない。飛田の思考回路は常に下層労働者を中心に動いている。だから逆に下層労働者の為になるヤクザがいれば、飛田は躊躇なく手を握るのだ。

そんな点で飛田は稲川と手を握っていたのかもしれない。

飛田が残した多くの資料が筆者の手許にある。そこには土木建設関係の図面や企画書のようなものも多くある。その中で伊豆方面、熱海方面のものがかなり多いのが気になっていた。これは邪推かもしれないが熱海や伊豆は稲川会の本拠地である。その本拠地のシマ内での大きな土建工事の関係。その相談に稲川が東山荘に来ていたのなら納得する。

それと日本最大の暴力団、山口組は神戸が本拠地。組は神戸港の荷揚げを生業とする沖仲仕の「山口組」が発祥。つまり「飛田組」と同業者である。山口組は戦後も甲陽運送や山口運送等の名で沖仲仕業、港湾運送業をしている。

この業種の全国統一の組織化を図ったのが飛田。港湾運送組合や沖仲仕組合である。当然、神戸港も組織化の対象。ならば普通に考えて山口組とトラブルや衝突がありそうだが全くその気配もない。記録もない。日本最大の指定暴力団、山口組がこれほど素直に飛田の傘下に収まるとは、何か不思議な気もしていた。しかし、そこに稲川会が介入して平穏な解決が図られていたとすれば疑問は一気に解消する。

平成・令和の時代、ヤクザ組織は反社会的勢力とされて一般社会から追放されている。銀行口座もつくれない、宅配便も使えない、そば屋の出前も取れないというところまで抑え込まれている。しかし昭和の時代まで、その存在は必要悪とされて一般社会と共存していたことは否めない事実である。

終戦直後が典型的な例だ。当時、進駐軍兵士や不良第三国人（戦争当事国以外の国の略称）の横暴が頻発していた。強盗や強姦などだ。ところが日本の警察はそれを取り締まれない。敗戦国日本は連合軍の占領下だったので行政権も司法権も日本にはなかったからだ。困った警察は博徒などヤクザ組織に進駐軍兵士や不良第三国人の横暴に対峙する業務を内々に委託していた。

街角で不良米兵が町の娘に襲いかかる。娘が危ない！　それを見た商店主は警察でなく

「親分さん」に通報する。親分が若い衆を連れて飛んできて米兵に立ち向かってくれる。不良第三国人に対しては各地で語り継がれるほどの素晴らしい効果（成果）もあった。

こうして町の治安は守られたのである。つまり当時のヤクザには市民権があったわけだ。昔のヤクザと今の反社会勢力といわれるヤクザは存在意義、行動理念からしても全く違うことは理解しておきたい。

終戦から随分経った頃でも国家権力のヤクザ利用は続いていた。

有名な事例をひとつあげる。

昭和三十五年（1960）、かの安保闘争の時である。岸信介首相はアメリカのアイゼンハワー大統領を日本に招き、新安保条約の調印をしようとしていた。アメリカとは合意済みだった。ところが労働界や学生を中心とする安保反対勢力が強固で「安保反対！　アイク来るな！」のデモが連日繰り広げられていた。そのデモ隊の勢いは日に日に激化、警察は規制に手をやく情勢だった。

このままではアイゼンハワーが来日しても一行の警備は警察力だけでは無理だ。ならばと自衛隊の治安出動を要請した。これを受けた時の防衛庁長官・赤城宗徳は、「自衛隊に自国民に銃口を向けろという命令は出せない」、「そんなことをすれば自衛隊が国民の敵になりかねない」ときっぱりと拒否した。いかに総理の要請でも、信念を持って拒否する政治家もいたのだ。対する岸首相は防衛庁長官を更迭して自分の意に沿う人を長官に任命できる権限もあるのだが、それはしなかった。

万策尽きた岸は暴力団、博徒などヤクザ組織を使ってアイク一行の警備をさせる方針を固めたのである。

これは明治維新後、将軍を下りた徳川慶喜が江戸から自国の駿河に帰る際、慶喜一行の警備を博徒の清水次郎長に依頼したのと同じ手法だ。つまり慶喜に危害を加えようとする新政府側の者が現れ、それを徳川の武士が斬ったなら問題だ。しかしヤクザが誰を斬っても殺しても、それは単なる喧嘩沙汰。徳川家には関わりのないこと。そんなロジックだ。だから今回もデモ隊を警察官が傷つけたら大問題だが、勝手にその場にいる暴力団がデモ隊に何をしようが政府には関わりがないこと、となるわけだ。

岸は児玉誉士夫に連絡、児玉は右翼団体の有力者やヤクザ組織の首領・稲川角二らに協力を依頼した、というのが定説だ。しかし冷静にみれば児玉はＣＩＡのエージェントである。これは米国国務省も公開している事実だ。また、岸とＣＩＡとの密接な関係は知られたこと。だから案外、アメリカの方から、「アイクの警備は日本のマフィアを使え」という指令があったと見る方が妥当かもしれない。

そして莫大な資金がどこからともなく出てきて稲川ら任侠団体に投入された。この結果、博徒、暴力団、テキヤらで成る「デモ隊を制圧し、アイゼンハワーを守る組織」が出来たのである。これを仮に「政治的任侠団体」と呼んでおく。

団体は全員に揃いの戦闘服を着せ、日章旗を振り、街宣車で大音量で軍歌を流した。現在も続く、あの喧しい〝右翼の街宣活動〟のスタイルがこの時に誕生したのである。

この組織のまさに先頭にいたのが稲川である。聞くところによれば稲川は高島屋から戦闘服を一万着購入、ヘルメットを五千個買い集めた。ざっとみて数億円の買い物である。さらには静岡県と神奈川県のバス会社から夥しい数の観光バスを借り上げて待機させ、一万人の稲川組組員をいつでも輸送できる準備をしていたという。相当に潤沢な資金がなければここまでは出来ない。

政治的任侠団体はデモ隊を威圧した。何せお上公認の組織なのだから遠慮はない。あちこちでデモ隊と衝突した。

そして結末である。

政治的任侠団体は再々デモ隊と衝突、多くの怪我人を出したが重傷者や死者は出していない。喧嘩が商売の連中である。相手は学生だ。大怪我をさせるくらいは簡単だろうが、そうはしていない。手心を加えたのだ。

筆者の友人が全共闘時代に右翼団体と正面衝突したことがあった。その時彼は、「右翼の連中には威圧感はあったが殺気は感じなかった。それより余程、機動隊の最前列の隊員の目が怖かった」という。

任侠側は本気ではなかったのだ。親分筋から、「素人さんを殺したらいかん。大怪我させたらいかん。脅してお上から遠ざければいい。それが仕事だ」の指令があったとみる。

しかし一方、国会構内での警官隊とデモ隊の衝突。東大生の樺美智子が圧死した。この美しき東大生の死が世論を一気に纏めた。世は安保反対の空気が強くなりデモ隊に同情的になったのである。そしてアイゼンハワーの訪日は中止された。

そんな中、日米安保条約は自然成立。これを花道に岸首相は混乱の責任を取る形で辞意を表明したのであった。

この政治的任侠団体は東京ばかりでなく全国に誕生した。それはヤクザが政治活動を志したのではなく、警察がヤクザ組織を取締りにくくするため、官憲との距離を縮めるためだった。そして狙い通りヤクザ組織は温存され、力をつけた。

これより暫くは警察とヤクザは持ちつ持たれつの時代が続くのである。

飛田の活躍した昭和後期までの時代がそれだ。建設業、運送業、社交界、芸能界などはヤクザ組織を無視しては全く仕事ができないほど彼らは大きく強くなっていたのである。

飛田はそのヤクザ組織を抑える力があった。ある時は抑え、ある時は協調していたのだろう。そうでなければ、混乱の終戦直後から高度成長の昭和中期にかけてあれほど多くの建設事業に関わっていけるものではない。ちなみに児玉誉士夫は柳川組（錦政会）の顧問。岸、児玉、稲川、飛田。薄いのか濃いのか、ともあれ繋がりはある。

オンボロ紳士も組織化して会長に

飛田が救いの手を差し伸べたのは日雇い労働者や戦争孤児ばかりではない。いわゆる「バタ屋」、つまり街頭のゴミやクズを拾って生計を立てる、今でいう廃品回収業だが、その人達への優しい目も書いておかねばならない。

江戸期から明治期にかけての芝浦は海水浴や月見を楽しむリゾート地で温泉旅館や高級芸妓屋もある街だった。明治二十五年刊『東京名所鑑』には「海上の眺望絶佳也。殊に調理の芝魚新鮮なり」とあるほどだから、江戸の旦那衆が遊びに来る、なかなか贅沢なところだったのだろう。

ところが海浜の埋め立て、東京港の拡張などが続くと白砂青松は消え、この地は一転、労働者の街に様相を変えたのである。意外に思う向きもあろうが昭和初期から戦後にかけて芝浦界隈は典型的な下層労働者の町だった。

町には芝浦埠頭で働く沖仲仕など港湾労働者、陸揚げした荷物を田町駅へ運ぶ運送労働者が数多く往き来して活気が溢れていた。また、寄場《よせば》と呼ばれる日雇い労働者の集合場所もあり、その日の仕事を求める立ちん棒といわれる人々もたむろしていた。

日雇い労働者の募集や派遣を飯の種にする手配師。それに群がるヤクザ。そんなアウトローな連中も多い界隈だ。付近には労働者のためのドヤと呼ばれる安宿や飲み屋、めし屋。街の一画には掘立のバラック小屋が居並ぶスラムも存在した。また、花街もあった。

飛田は昭和元年から終戦まで二十年間、この町のまさに中心部、芝浦二丁目で暮らしていた。

その芝浦から東京屈指の繁華街、銀座、新橋は徒歩圏内である。繁華街から出るゴミやクズを拾い集めるのを生業とする人達もこの町に多くいた。

飛田はこの人達に好感を抱いていた。できるだけ応援したいと思っていた。それは飛田が浅草・浅草寺の軒下の乞食の群れで暮らした時、彼らがなぜ乞食の暮らしをしなければならないのかを身を以て知ったからである。

乞食の群れに棲む人達は働くことが嫌なわけではない。怠け者なので働かずに物乞いをして暮らしているのではない。働けないのだ。それは身体に障害があっての場合もあるが、多くは社会から差別された結果なのだ。それを一口に言えば、〝働くことを許されない身分の人〟が現実にいることの認識であった。

これらを説明すると、身分制度や人権問題という難しい問題を孕《はら》んでくるが、妙な遠慮はせずに「弱きを助け」の感性だけで端的に書く。

中世、非人とされる人が生まれた。これは当時の為政者が自分に逆らう人や気に入らぬ人を、「お前は今日から人間でない」と一方的に宣告して作り上げた、とんでもなく不条理な身分制度で許容できる余地は寸分もないのだが、ともあれこれが制度化されてしまったのである。そして為政者は非人の生きる手段は、「乞食に限る。米銭を乞う、物品を拾って暮らすことだけしか許されない」としてしまった。さらに非人は、「生産と商いは原則禁止」とされた。だから非人は、物を作って売ったり、労働して対価を得たりしてはならないと決められてしまったのだ。

したがって彼らは定まった勤務や仕事はできない。生きるためには「物品を拾う」「米銭を乞う」しかないのだ。そこで街路に落ちているゴミやクズを拾って生計を立てるバタ屋が誕生したのである。

世間では差別され、蔑視されがちなバタ屋の人達に飛田は積極的に接触した。かといってむやみに金品を与えたりするのではない。町の友人として親しく接したのだ。飛田は、「国会で訳の判らぬ取引をしている議員諸君よりも、バタ屋連中の方がずっと

昭和34年、新橋にてバタ屋の人達と話す飛田

すがすがしい。だから私は彼らの相談相手になっているのだ」と言っている。

江戸時代から、屑拾い、乞食達は非人頭《ひにんかしら》の組織に入ることが義務づけられていた。非人を取締まり監督する非人頭という制度は、役所が面倒なことを他所に振るいつものやり方である。この場合は、非人頭の配下になると住居や食事を与えられるなど、それなりに安定した暮らしが出来るシステムが構築されていた。つまり非人頭《おかしら》の庇護の下、物乞い、物拾いの縄張りも約束され、また、役人による拘束からも守られるなど身体的な安全も図られているのだ。

江戸期、江戸には四人から六人の非人頭がいた。最大勢力は江戸の非人の七割を支配する車善七。そして深川の善三郎、代々木の久兵衛、品川の松右衛門らである。芝浦から日本橋にかけては新四郎が頭だった。彼らが江戸にいる五千人もの非人を管理・監督していた。実は役所の命令で監督させられているのだが。

明治になり身分制度が廃止された。しかし官憲による暗黙の指示もあったのだろうこのシステムは連綿と続いていた。

そのシステムを熟知する飛田は、バタ屋に対しては余分な干渉はしていなかった。

ところが情況が一変したのは終戦である。東京は焼け野原となった。そして日本帝国の統治から外れた在日韓国、朝鮮人が一気に力をつけた。と言っても彼らにとって日本はあくまでも異国である。日本国内での一般的な就職には高いハードルがあった。

そこで彼らが選んだ仕事は、従来、日本人があまり就いていなかった職種に集中した。資本力のある人はケミカル業やパチンコなど遊技場経営。そして資本のない人は廃品回収業が手っ取り早かった。そして東京に廃品回収業、つまりバタ屋が一気に増えたのである。すると従来のルールが無視されあちこちで諍いが起きるのは必至であった。

そこで飛田の登場。芝浦から新橋辺りにかけて仕事をするバタ屋に働きかけ、「日本人もない、朝鮮人もない。共に人間だろう！」と共存共栄を呼びかけたのだ。

飛田はバタ屋同士がいがみ合わぬよう、互いの持ち場を尊重して働けるような組織を作ったのである。

その団体の存在を確かめようと記録を探したがない。そんな業種だから形式的なものがないのは仕方がないと思っていたら、あった、尾崎秀樹の記述である。尾崎は『週刊現代』に、「飛田はオンボロ紳士を組織化して会長になった」と書いていた。尾崎はリアルタイムでそれを知っていたのだ。そして、さすが尾崎、バタ屋と言わずにオンボロ紳士と表現。八方への気遣いは勉強になる。

そのオンボロ紳士＝バタ屋も下層労働者である。飛田は彼らの仕事と生活の安定のために一肌脱いだのである。それを契機に飛田は在日韓国・朝鮮人の団体と交流が深まり、後年、朝鮮人総連合から感謝状を贈られている。

意外と表に出ていない飛田の一面である。

M資金という怖い金

飛田勝造を書いていると知人に言うと、異口同音に出てくるのは「唐獅子牡丹」と「M資金」のことである。

今の若い人達には唐獅子牡丹と言っても何のことやら分からないようだが、全学連、全共闘世代の人には自らの闘争をある種、正当化してくれた、「とめてくれるな　おっかさん　背中のいちょうが泣いている」の背中の刺青。そしてバリケードの中で好んで歌った、「♪義理と　人情を　秤にかけりゃ義理が重たい　男の世界」、「♪親の意見を　承知ですねて　曲がりくねった　六区の風よ　つもり重ねた　不幸のかずをなんと詫びよか　おふくろに

♪」の唐獅子牡丹の歌とは時代を共有した思いがあるのだ。

また、近現代史に興味のある人にとってM資金は魅力いっぱいのテーマのようだ。M資金とは、戦後日本を占領下においたGHQが旧日本軍の資産を接収。その莫大な金品の一部を流用して秘密資金としたもの。その秘密資金は日本の戦後復興に使うつもりだったが大部分が残り、行き先を失って、どこかに隠匿された。そしてこの隠匿資金の管理や運用はGHQと関係の深い何人かの黒幕に権限がある――、ことになっている。

さらには旧日本軍が隠し持っていた資金や金品のうちGHQの目を逃れたものが多くある。戦時中に国民から徴収した貴金属やダイヤモンド等もそれだ。それを某所に隠し持っていた。隠し持つ理由は日本の再軍備のためだったが、徐々にその必要性が薄れてきて、この資金が浮いてしまっている。

これがM資金伝説である。

この膨大なM資金を巡って戦後、いくつもの詐欺事件が発生している。殆どが巨額の融資話を餌にしての詐欺。これには富士製鉄、全日空、東急電鉄といった日本を代表する一流企業の経営者が被害にあっているのだ。この錚々たるメンバー。簡単に欺されるはずのない面々が欺されているのだ。だから相当に信用に足りる話が持ちかけられたのだ。否、本当に巨額資金を手にした人が実際に複数人もいて、それを彼らが知っていたからこそ欺されたとも思える。俳優の田宮二郎が自殺した一因もこのM資金がらみと言われている。その M資金に関わる黒幕の一人が飛田ではないかと思われているのだ。その真実は今さら確かめようもないのだが、その可能性はゼロではないようだ。

筆者の友人はこんなアドバイスをしてくれた。「黒幕の一人は飛田勝造だろう。児玉誉士夫も絡んでいる。ここは日米の深くて怪しい闇の部分だ。M資金がらみは犯罪も多く、実際に死者も出ている。面白半分で入り込むところではない」

また、ある友人は、「M資金だけは触らない方がいいよ。どのみち全部が作り話で、結局は恥をかくだけだ」と言う。

別の友人は、「M資金を変に書くと命に関わるよ。これを触ってほしくない権力者が今もいるはずだ。終戦後、こんな闇資金がらみで自殺か殺人か分からない不審な死を遂げた人が何人もいる。ちょっと調べれば固有名詞も全貌も分かるよ。君が殺されて翌日の朝刊に〝ノンフィクション作家　伊勢湾に浮かぶ。自殺か〟の記事が出る。それは読みたくないよ。止めておけ」と言ってくれた。彼は大学教授なので説得力はあった。

友人の忠告はありがたいが、戦後既に七十数年、「何が出てきても全てが時効だ。もう大丈夫だ」という気持ちと、「誰かに海に投げ込まれて自殺で処理される」のも覚悟の上で少しずつ調べてみた。

まずは飛田家の本丸、飛田のご子孫に尋ねてみた。その場には飛田のお子さん、お孫さんら四名がいた。

「M資金かどうか分からないが、戦中戦後に誰かに託された相当の金品を東山先生が隠し持っているという話がある。ご存じ?」とストレートに訊いた。

するとみなさんは異口同音に、「知らない、聞いたこともない」と言う。嘘や建前でそう言っているのでないことは感覚的に分かる。

だが、お一人がこう言った。

「そう言えば、昔、誰かがうちの庭の井戸の中には宝物が隠してあるかもしれないよ。探したことはあるのかい? と言っていたことがある。そんなの冗談だと思っていたから気にもとめなかったけれど…」

やはり疑っていた人はいたのだ。そしてもうお一人が、

「うちはお金のある時は一千万円の札束が座敷にごろごろしていたけど、無い時は本当にないという感じだったから、そんな隠し金なんてなかったと思う」

どうも飛田家のご家族はこれらのことをご存じなかったようだ。

M資金に関する怪しげな話はいくつもある。どれも信憑性がありそうだが、どれも確認が難しい。だから海千山千の経営者が欺されたりしているわけだ。

ところが秘密資金の存在が確認されたものもあった。これは噂や伝聞ではない。実際にあり、それを巡って国会でも論争されているものだ。

東京湾・芝浦沖から金塊が

飛田家のみなさんはM資金と飛田の関わりに否定的だった。ところが、昭和二十一年（1946）四月に東京湾の海中から大量の金塊が引き上げられたという史実を話すと、ちょっと雰囲気が変わった。

「その引き上げられた場所は芝浦のうち（飛田組）から見えるところだ」

「金とプラチナが六十トン？　芝浦沖まで運ぶにはトラックと船がいるよね。うちの敷地を通らなければ難しいのじゃないかな」

「外国から持ってきた荷物なら荷揚げは芝浦港だよね。陸海軍の荷物でうちが関わらないものはないのじゃないかな」

「越中島の陸軍糧秣本廠への陸揚げはうちでしていたはずだよ」

「それにさぁ」

俄然、場が盛り上がった。


この「芝浦沖に隠されていた金塊」は噂話でも作り話でもなく紛れもない事実である。その事実を裏付けるエビデンスだけを綴っていく。

金塊の引き上げのニュース内容は、それこそ摩訶不思議に二転三転する

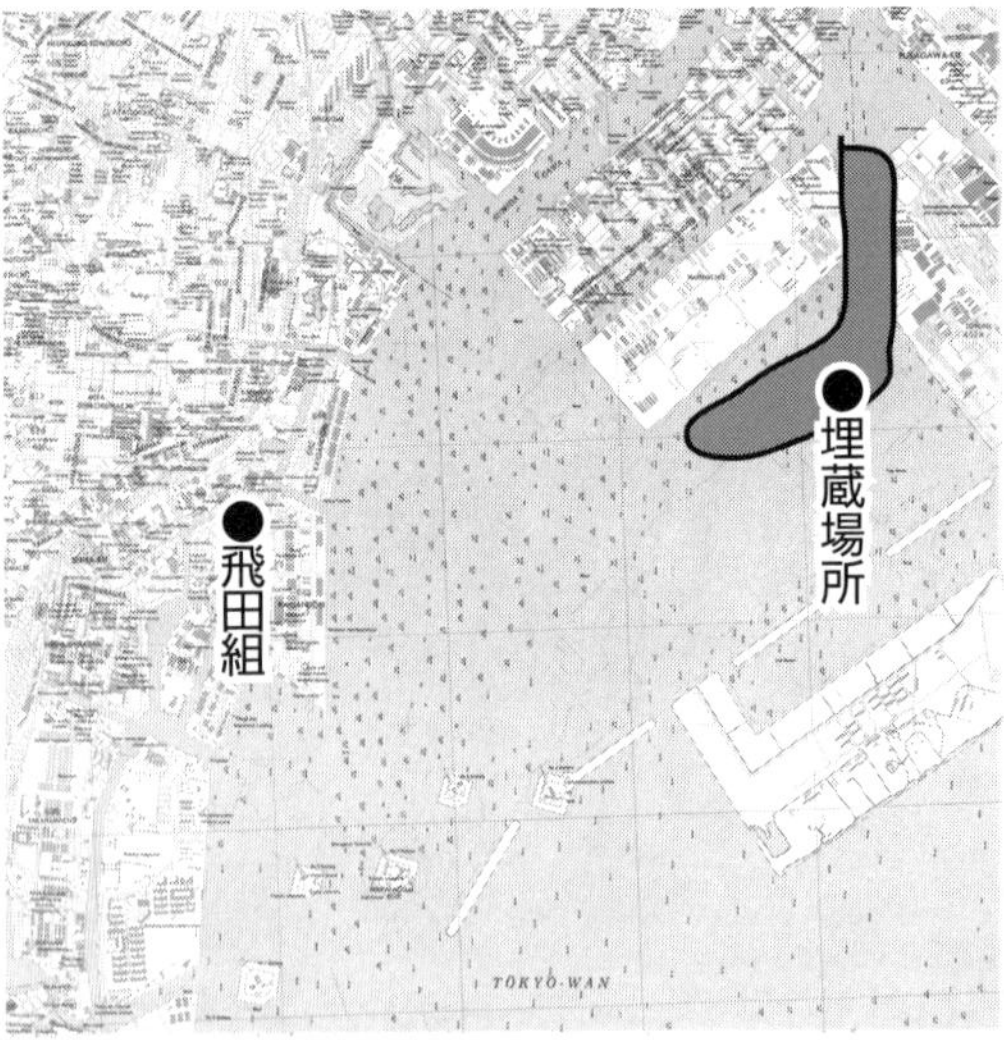

昭和21年頃の東京湾。飛田組の場所が芝浦。埋蔵場所の陸地は越中島で陸軍糧秣本廠があった。湾の入口に点在する島は砲台。　＝米軍作成の地図より

のだが、第一報は昭和二十一年（1946）四月七日付、ニューヨークのブルックリン・デイリー・イーグル紙だった。同紙は、「ジャップが奪った戦利品が二十億ドル　東京湾で見つかる」の見出しで、「埋蔵の金塊はプラチナ五万五千ドル」、「九日より引き上げ」、「埋蔵場所の情報提供者は日本人」と報じた。

このニュースを受けて日本国内も大騒ぎになる。

各紙の報道は概ね次のようなもの。

「芝浦沖で金塊五十四トン、プラチナ塊十三・五トン、銀塊五トンが見つかった。これらは米軍に接収されるのを避けるため、軍部首脳が沈めておいたもので、戦時中に中国や東南アジアから略奪してきたもの」

である。だが、これらの第一報、第二報は何故か全く無視されていき、埋蔵物などはかなり矮小化されて伝えられる。

昭和二十一年（1946）四月二十日の朝日新聞がこう報じている。

〔芝浦沖に金塊百三個米海軍引揚ぐ〕

「米海軍潜水夫の一隊は十九日東京商船学校敷地に近接する東京湾芝浦沖の海中から

八十ポンド金塊百三本を引き揚げた。価格にして六万一千八百ドルではあるが、第二騎兵旅団の語るところによれば、

最初東京湾には二億ドルの価値がある金銀プラチナなどが埋められていたという想像は誇張されており、現在まではプラチナや金は一本も発見されず、また銀がどのくらい海中に埋没されているか想像の限りではないということである」

新聞は「金塊百三本を引き揚げた」、しかし「金銀プラチナなどが埋められていたという想像は誇張」と全体像の火消しにやっきのようだ。

改めて言うが、当時は占領下。新聞雑誌の検閲は想像以上に厳しかった。この記事は朝日新聞の記事というよりGHQの広報だとみるべきだ。本来ならGHQは引き上げ自体を抹消したかったのだろうが映像も残っている以上、それは無理だったということだ。

そしてこの金塊が埋められていることをGH

芝浦沖に金塊百三個　引揚ぐ
都の失業者十五万
救済に対策委員会

金塊引き揚げが報じられた
昭和21年4月20日の朝日新聞

Qに通報したであろう日本人が不審死。その関係者も不審死。それに時を合わせるように、この芝浦沖金塊事案は再び東京湾に沈むように消えていったのである。

それが再び浮かび上がってきたのが、昭和二十五年二月十六日の衆院予算委員会である。世耕弘一衆院議員が芝浦沖の金塊等隠退蔵物資の存在を暴露したのである。国会の論戦を議事録のまま転載する（一部略）。少々退屈な部分もあるがなかなか面白い。

○世耕弘一委員　これは実は司令部の方の関係もあるので、あるいはこの場で御答弁願うことがむずかしいことになるかもしれぬと思いますが、一九四六年の四月中という記録がありますが、東京湾で金、銀及び白金の隠匿されたものが、（笑声）十ポンド程度のものが合計千五百本、貫数にいたしまして一万四千九百六十貫というものが引揚げられておるのであります。この処理が日本政府でどういうふうに処理されておるか。実は笑い話でも何でもないのであります。かなり緻密な報告書がこれについておりますが、ただこの場所で発表することが適当であるかどうかということが考えられますので、ただ核心だけをお尋ねするわけであります。必要があれば読み上げてもけっこうであります。

○池田隼人国務大臣（大蔵大臣）　東京湾の金の延べ棒その他につきましては、寡聞にして私は聞いておりません。
○世耕委員　私の手元に参りました資料をここに申し上げますと、そう通り一ぺんで大蔵大臣が知らぬような資料ではないのです。（略）
　一万四千何百貫と申しますと、五十トン以上のものなんです。これは今日金高にしても数百億に上る金額であつて、大蔵大臣は御存じないかもしらぬが、事務当局はおそらく知らぬということはなかろうと思う。かなり長い問うわさの種に上つておる。（略）
○池田国務大臣　先ほど申し上げましたように実は聞いていないのでございます。全然聞いておりません。この問題は理財局長が所管でございまして、適当な機会に理財局長をお呼びくださいまして、お請願つた方がよろしいかと考えております。
○世耕委員　これで終ります。

そして、同年三月六日衆院予算委員会で再び論戦が。
○世耕委員　局長の方から説明を承つたが、金塊の問題であります。承るところによるとあれは銀塊で、二億円だ。しかも掠奪物資として司令部側に引上げられたのだ、こういう話であるところが私の調べたところによるとそれは金塊である。白金である。金塊であり、白金であるということになれば、銀塊とはよほど額の上に違つて来る。この点については、その後大蔵大臣は報告をお聞きになつたかどうか。これは茶飲み話ではない。私の言うことは数百億に上ることであります。

○池田国務大臣　せんだつて世耕委員からの質問がありましたとき、私は事情をつまびらかにしていなかつたから、政府委員より答弁をさせたのでございます。その後政府委員の伊原理財局長より、銀塊でありまして、戦略物資として取扱われて、向うの方に接収になつた報告を受けました。

○世耕委員　銀塊であつたということは聞きました。その銀塊であつたかなかつたか立会つたかというと、立会いませんので、向うさんまかせである。それはけしからぬじやないかと私は言つた。そのことについて報告はございませんか。

○池田国務大臣　ただいまお答えしただけの報告しかございません。

○世耕委員　はなはだずさんであつたと言いたいのです。なお念のために申し上げましょう。これは最近私はさらに調査したのでありますが、ちよつと読んでみます。

一、右田恒太郎氏千葉県出身（高橋義次弁護士担当）
右本人が引揚げ担当者にしてサルベージ業を営んでおる。なお物資の所在地点を米国側に指示したる者である。
一、榎本榮三郎氏　銀座七丁目演舞場の前、右は外務省の元貴金属鑑定官にして最近GHQに連絡せる通訳官なり。しかして米国側から引揚げ許可を受けたる指名人である。右榎本氏の語るところによれば、金額は時価一兆四千億で金属種類は白金（プラチナにあらず）並びに金にして銀にあらず米国の弁護士で元陸軍大佐と称する者が民間情報係を現任している。同氏は目下米国側へ交渉の代表者として特に法務総裁殖田俊吉氏等とはかりおると称して、昨年六月ごろより報酬を請求中である。
一、前記弁護士鴨打三津夫は帝国銀行丸の内支店の調査係長三浦暁一氏の調査に基き本件の真実性なるを認め、もつて本件に関係せるものなり。右調査によれば白金二百本、金塊千本、公定価格として三百六十億円と推定されたるものなり。
元総理大臣山本權兵衛氏の秘書官村上貞一氏は吉田現首相と戦時中同一獄中にあつた関係上、本件の実際上の責任者後藤幸政氏との間に介在して本件を進めておつたことを私、宮東が昨年七月ころ後藤氏宅浦和市本太において聞き取りたり、このとき中野寅吉氏も同席せり。なお、この問題は中村嘉壽氏がＧＨＱ方面に活動した結果、司令部が信用するに至れり。その後前記後藤氏は死亡せり。

　右事件の証拠として石田が宮東に預けおれる三枚の実物写真あり、写真は引揚げ場において撮影せるもの及び現場において分析せる状況のものなり【写真㊧など】。

一、右は当時大蔵大臣澁澤敬三氏並びに当時の書記官長楢橋渡氏等はこれを相談にあずかりながら協力せず、これは宮東氏並びに宮東氏の友人久保儀八郎氏を通し談合せるものなり。久保氏は澁澤氏と東大同期生なり、二氏に相談せるも協力せざるため、遂に中村嘉壽氏を起用連絡せるものなり。

一、なお右石田氏は安田信託の不正所持せる問題に関連して現に刑務所に昨年暮れ拘束されたり。

一、右石田氏が本件に関係を持つ動機は石

世耕が言った写真はこの一連であろう。凄い量の金塊を調べるのはＧＨＱ。手前で運搬作業をするのは日本人。米軍が当日に撮影したものだろう。

写真＝近現代フォトライブラリー

田氏の部下にして板橋区内の石田留守宅に後藤某なるものは元兵隊にして、その部隊長は茨城出身にしてその指揮のもとに隠匿せるものなり。なおハンドルマン氏国際通信東亜総局長はこのトン数は四十トンと言えり。まだこのほかに一千億円ありと石田氏が昨年七月ころ丸の内署において警察立会いの上説明しおり。前期の記述は貴殿国会における資料として小生の知悉上おる事実を陳述したるものにつき、ここに署名捺印申し候なり。

かように書いてある。これは軽く見のがすことのできない重要な問題である。実はそのほかに……

○植原委員長　時間は経過しております。

○世耕委員　簡單にします。これは当時引揚げて来るときの写真です。しかも銀であれば銀でもよろしいと思います。けれども、日本側で立会わないで向う側にだけまかすということは当を得ないのではないか。金額の多少は別といたしまして、こういう点について大蔵大臣はどういうふうにお考えになつておりますか。これをさらに詳細に調査する御意思があるかないか承つておきます。

○池田国務大臣　賠償庁の調査によりますと、今お話の件は金塊が約五億、銀が約二十億、これらはともにオランダその他よりの奪掠品と認められ、すでに返還済みだそうでございます。これは賠償庁の調査だそうでありまして、ただいま資料が参りました。このことは外務委員会においても賠償庁よりお話したそうでございます。

○世耕委員　なおこの点には多くの疑惑が残つておりますから、大蔵省といたしまして、十分御調査を願いたいということを希望いたします。

世耕弘一は芝浦沖の金塊の他、「日銀の地下倉庫に隠退蔵物資のダイヤモンドがあり、密かに売買されている」と発言して食い下がったが政府はのらりくらりと逃げた。

芝浦沖の金塊について纏めれば、

①終戦直前、何者かが相当量の金塊を隠すために芝浦沖に沈めた。

②昭和二十一年春、「芝浦沖に金塊が隠されている」との密告がGHQにあった。密告者は金塊を運んだ作業員、又はその作業員の知人で報奨金が目当て。

③GHQが調査すると密告通りの場所に金塊があった。昭和二十一年四月八日に現認、同十九日に米海軍が引き上げた。金塊は五十六トン。これはGHQの金塊引き上げ指揮

官・ブルックス大尉が証言している。
④同年五月上旬に金塊は日本銀行の地下倉庫に運び込まれた。但し、この事実をブルックス大尉は知らないという。さらに、この数百億円にもなる金塊の存在を池田大蔵大臣は知らないと国会で証言。
⑤GHQも日本の大蔵大臣も知らない日本銀行の倉庫の金塊はいつの間にかなくなっていた。政府が言うには、金塊等はオランダからの略奪品だったので、金も銀もすべてオランダに返還したという。

これらで分かったことは、芝浦沖に確かに金塊は埋めてあった。先の榎本証言による「時価二兆四千億円」の金塊だ。この金塊が日本銀行の地下倉庫に運ばれた。ここまでは分かっている。しかし保管されていたはずの金塊がいつの間にかなくなっている。

この莫大な金塊は、どこから運ばれて来た物なのか。誰の物なのか。そして、どこに消えてしまったのか。それは今もって分からないのである。

凄い話だ。しかし、めでたしめでたしで終わっていいものなのだろうか。

第八話　建設省に歴然と存在した黒幕

建設官僚と年二回の定期懇親会を三十七年

飛田の資料を調べていて、「こんなこと、本当にあったのか」と心底感じたのが、飛田と建設省の親密な関係の数々である。あえて悪い表現をすれば、癒着としか言いようのない関係であった。

公共工事等に関する一件一件は別に書くとして、飛田と建設省の課長クラス三十数名が毎年欠かさず夏と冬に定期的に懇親会を行っている記録には思わず目を疑った。毎年欠かさず年二回。それを三十七年間も続く。「こんなこと、本当にあったのか」の思いだ。

この会は、一民間人の飛田が主宰者で出席者は建設省のほぼ全ての課長である。会に特定の名前はついていないが、実質、「飛田東山を囲む会」である。つまり建設省の官僚達が打ち揃って、「東山先生のご機嫌を伺う会」に集まっているのだ。今更ながら、飛田東山とは何者なのだ？　建設省は飛田に何を求めているのだ？　何を怖がっているのだ？　と首を傾げるのである。

この会に関しては出席者一覧付きの案内状と当日の出欠報告書があるので全出席者の氏名、肩書は明らかである。

案内状の書面はまず建設省が作り飛田に見せる。「このメンバーを集めますがよろしいですか」といったところだろう。それを飛田が了解。すると発行人を飛田の名に書き換えて発行する。この手順が整っているようだ。そして発行された案内状は課長諸氏へ届く。これは「このメンバーの一員として出席されたし」との無言の圧力とも思える。そして結果報告書は出欠の確認である。

年二回のこの懇親会は昭和二十三年から始まり、飛田の他界する昭和五十九年まで三十七年間続いていた。出席者は、官房・計画局・都市局・河川局・道路局・住宅局の課長、次長クラスの二十数名から三十数名。名簿を見れば建設省の内部部局の全ての課の課長を招集している。資料の中に、「当日欠席の届出書」が何通かあった。欠席理由は「親戚の法事」「出張」などで、「小職の代理に次長を出席させる」などとある。これらから「飛田東山を囲む会」は、ある種の公務と捉えられていたとみて間違いはない。

これら毎回の資料の多くは筆者の手許にある。ここに添付しようとも思ったが、書面は当時の建設省の課長、次長ら個人名のオンパレード。令和の今もご存命の方もいるだろうし、彼らの部下には、現在、国土交通省の現役幹部も多いはずだ。差し障りの有無は判断できないので、今のところは控えておく。

毎年の会場も恒例、夏は銀座資生堂がほぼ決まりで冬は築地の竹葉亭本店が多い。但し、会費は取っていない。飛田も銘酒を三十本程持ち込むだけで、これらの店の勘定を支払った記録はない。毎回、誰か（たぶんゼネコンなど業者だろう）が、この会の費用を全額負担しているようだ。

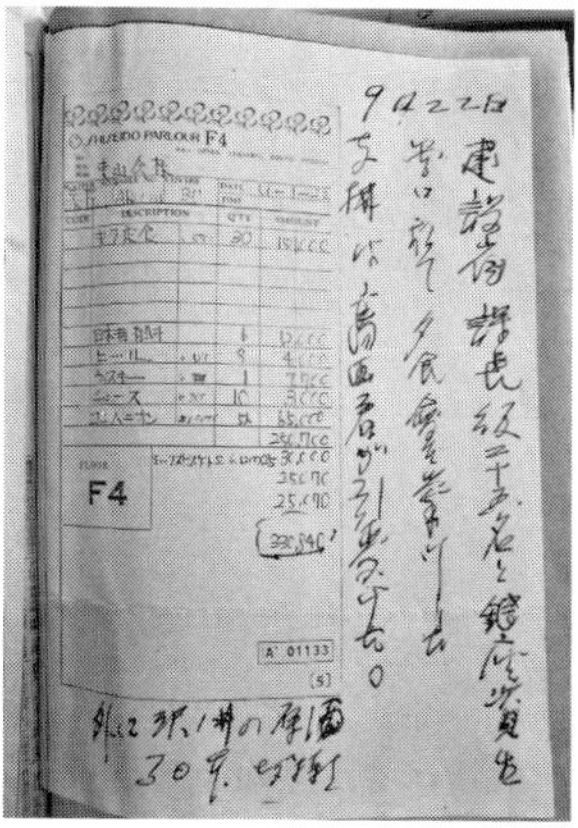

銀座資生堂の領収書
「建設省課長級25名と夕食会。支払いは高岡君が引き受けた」とある。合計330,840円。昭和56年9月22日のもの。

さらに数年に一度、八十名を超す人数での会になることがあった。会場は虎ノ門三井ビルの東海クラブか霞が関ビルの宴会場を使っている。招集されているメンバーを見ると、各課からの人数が増えているだけで特に変わったメンバーが加わっていることはない。何か理由があっての大量招集なのだろう。

特筆すべきはこの会が三十七年も定期的に開催され続けていたことだ。招集者は建設官僚、役人である。二、三年で人事異動がある。にも関わらず毎年の恒例として新旧が入れ替わり会は開催され続けていたことは極めて異例だ。

繰り返すが、この会に建設官僚を集めているのは民間人の飛田。そして建設省のほぼ全課長が集まっている。ただの飲み会にはとても思えない。当然、仕事の話も出るだろう。まるで日本の建設行政が飛田の了解の許に動いているかのような印象すら持つのである。

さらにはこの会の他に、やはり飛田が主宰する「元老会」というものがあった。この会のメンバーは建設省の事務次官、審議官、局長などを務めて退官した人達である。彼ら高官OBは大手ゼネコンに天下りしていて、その肩書を見ると、大企業の副社長や専務など、それこそキラ星の如くだ。そんな彼らが古巣の建設省に強い影響力を持ち、日本の公共事業を暗に動かしていたことは周知の事実だ。

彼ら元老会のメンバーは飛田とは課長時代からの付き合いということになる。何十年もの古い付き合いでまさに気心の知れた仲である。先の「現役課長の会」、そして「元老会」。この二つの会を飛田がコントロールしていたとするならば、日本の建設事業は好きなように動かせたはずだ。


好きに動かしていたかどうかは判らないが、珍しく会合名が明記された資料があった。昭和五十八年二月九日。場所は築地の竹葉亭本店。出席者は建設省の次長、総務課長、企画課長、有料道路課長、地方道路課長、地方局長ら十一名。会合名は「首都圏道路打合せ会」である。ここに出席の官僚達は毎年二度、行われている「現役課長の会」のメンバーであることは言うまでもない。道路関係の官僚が集まって首都圏の道路を論議するのは大いに結構だが、そこに飛田東山が出席しているのは誰がみても不可解だろう。

そして翌月の三月三日に同じ築地・竹葉亭本店で「元老会」がもたれている。出席は元老が九名、東山会から飛田ともう一人の計十一名である。この元老達は大手ゼネコンの現役の役員がほとんどだ。と言うことは、「ゼネコンが首都高関連の事業を建設省に打診」、それに応えるべく建設省の関係課長が集まり、「首都圏道路打合せ会」を開き検討、その橋渡しを飛田がしている——、という図柄がみえる。

何やらすべてが飛田を中心に回っているように思ってしまう。

しかしながら飛田はこれらを自分の利益にしたり、また、建設官僚の立場が危うくなるようなことはしていなかった。それは三十七年の間に飛田に対する苦情や、あるいは反旗を掲げるような動きが全く見えないことで分かる。第一、飛田の主催する会が建設官僚の不利益になったり、問題を起こすことがあったなら、役人はさっさと逃げ出しているはずだ。三十七年も続くわけはない。飛田は自分自身の利益のためには、この二つの会を利用していないのだ。

明快な証拠が一つ。飛田は㈱東山園という造園会社のオーナーである。昭和二十一年に創業、現在も孫の飛田東児氏が社長を務めている。この㈱東山園は樹木医を自負し、造園技術が売り物の優良会社だが、従業員は十名そこそこの小企業である。これは創業以来、ずっと同じようなもの。もし、飛田がその気になって自分の会社に利益誘導をしたなら東山園は千人の社員を有する程度の中堅企業には難なくなっているはず。何せ建設省がついているのだ。しかし飛田は自分の会社への我田引水はしていなかったようだ。

建設官僚もそれをよく分かっている。飛田は己自身の利益のために動いているのではない。ならば何だ！

ここで飛田の決まり台詞が出る。

「弱気を助け強きを挫く。世の中の弱い人、貧しい人を排除しない。そんな人に目配せできるのが良い役人だ。そんな底辺をちゃんと整備すれば、自ずと全体が治まる。分かるだろう！　それが国づくりだ。良い日本国をつくるのだ！」

昭和五十七年に飛田が記した記録があった。この会の成り立ちと終焉についてである。

「昭和二十三年に建設省が発足されて以来、毎年々、この会は続いているが、その最初は昭和二十三年十一月二十七日、二十八日に新橋藤岡鳥料理店にて建設省課長、次長、事務次長迄と外、外郭団体たる公団公社の正副総裁をもって忘年会を挙行したのが始まりである。其の目的は、建設省発展のためを主体としてのものである」

そして以降、毎年この会は続けられ、

「しかし、東山も高齢となり、これまで通りの会を続けるのをやめ、次よりは任意の会として……」

こうして終わりを迎えたのである。

下の写真は建設省三十周年を記念して飛田が書いたもので建設省関係者やゼネコン各社に贈ったもの。大手ゼネコンの役員室や応接室に飾られていたという証言は複数から聞いた。ちなみに「文《ぶん》武《ぶ》不《ふ》岐《き》」は藤田東湖の言葉。「文武は両道ではなく文武は一体、『文武不岐』である」との意。

飛田と建設省との関わりは丁寧に書かなければ誤解を生む。

例えば、浦安市舞浜に東京ディズニーランドが開業するための用地買収や海浜埋立て工事について。

例えば、栃木県の鬼怒川流域の土砂採取の権利とその護岸工事について。

例えば、東京都と千葉県をまたぐ広大な養殖場の建設について。

それら大工事に建設省が絡むのは許認可の関係もあるので

建設省三十周年記念「文武不岐」飛田東山　＝昭和53年

当然だが、そこに飛田の名がみえるのは不可解だ。それを誤解なく、丁寧に説明、検証するには多くの紙幅がいる。また、裏取りが未だのものもある。これらは続編に送りたい。しかし、ここで何も書かないと筆者も読者も欲求不満になるだろうから、建設省と飛田の関係がよく分かる実話を一つだけご披露する。

房総フラワーライン

嘘みたいな本当の話。これは飛田と建設省の力関係、信頼関係がよく分かる実話である。時は昭和三十七年（1962）夏。この年の五月に飛田は切腹…、つまりは胃と胆嚢の摘出手術をした。昭和医大病院を退院。しかし青梅の東山荘に帰ると見舞いの来客も多く、ゆっくり静養もできまいとのことで千葉県の安房館山《あわたてやま》海岸に転地療養することになった。

最初に紹介されたのは館山海岸の一流旅館だったが、どうも飛田は気に入らない。サービスの良し悪しというより肌に合わなかったようだ。

そこで飛田は「長谷川旅館」に移った。ここの主人は長谷川鹿之助。仇名が「ホラ鹿」といわれるように大風呂敷と評判の男だ。しかし大風呂敷や大言壮語は飛田からみればやる気や夢と同意語だ。ウマが合わないわけがない。結局、この長谷川旅館に四ケ月も逗留することとなったのである。

療養中の出来事である。

飛田の許には三日と空けず来客が来る。それも運転手付きの高級車にスーツの紳士達である。秘書を連れている人もいる。この顔は新聞か雑誌で見たぞという人もいる。こんな人達が次々に来訪する様は、庶民的な海辺の温泉地にはまるで似合わない光景であった。

飛田と再々茶飲み話をしている長谷川の主人は飛田の素性を何度か訊いている。その時飛田は、「おれは江戸の町奴だよ」と答えるだけで多くは語っていない。その飛田の全身には見事な唐獅子牡丹の刺青。だから主人は「どこかの親分さんだろう」と思っていた。

だが、この親分さんの許には見るからに立派な紳士が訪れて来る。ヤクザの親分の許を訪ねて来る人達にはとても見えない。主人は不思議を感じながら、改めてその関係も訊きにくい。そんな毎日であった。

ある日、旅館の番頭が恐る恐る訪問客に、「飛田様にお取り次ぎいたします。どちら様でございましょう」と訊いてみた。すると客は、「建設省のAが来たとお取り次ぎくださ い」。この日の客は東京・霞ヶ関の高級官僚だった。

慌てた番頭、すぐに女将に報告。この女将は長谷川光江、館山市会議員でもあった。女将、つまり長谷川市議は市役所に走り、「うちに飛田さんという方が逗留している。そこに霞ヶ関から続々とご機嫌伺いの人が来ている。何十人もだ。そのどなたも高級官僚のよう。これは館山市としても知らん顔はできないはず。飛田さんとは誰だ。もしかすると大臣クラスの人じゃないか。すぐに調べてほしい」。

館山市は慌てて調べるが東山・飛田勝造が何者なのか掴めない。だが訪問客の多くは建設省の官僚だと分かった。館山市は千葉県に連絡、千葉県の幹部が長谷川旅館に飛んできた。そしてまずは飛田に面会、事を分けて説明、そのまま旅館に待機。建設省の官僚が来るのを待ち伏せたのであった。

千葉県はどうしても建設省幹部と接点を持ちたかった。だからこんな形振りかまわぬ行動ができたのだ。それは千葉県は前年まで「財政再建団体」の指定を受けていたからである。財政再建団体とは税の執行等はすべて国の管理下におかれ、地方自治体、つまり千葉県としては自力では何もできない屈辱的なもの。指定はこの年、昭和三十七年に解除されたのだが、国家補助事業等々、国の予算はなかなかとれず苦心惨憺していたのであった。

そこに公共事業の当事者である建設省の官僚が地元に来ていることが分かったのだ。県の幹部が押っ取り刀で駆けつけたのも当然である。

数ケ月後、その年の十二月である。

飛田の体調も戻り、近く青梅に帰ることになった。ならば飛田の快気祝いをやろうということになり、建設省官僚と千葉県幹部らが長谷川旅館に集まり宴会がもたれた。宴たけなわ、打ち解けた話になった。

おもむろに飛田が口を開いた。

「館山は海岸もきれい、夕日が素晴らしい。温泉もいい、魚も新鮮で旨い。それなのに観光客も湯治客も少なすぎるね。東京からそう遠くないのに少なすぎる。それはここに観光の目玉がないからだと思う。わしは奥多摩の観光を推進して苦労したので分かるのだが、景色が良い、湯が良いなど、ぼんやりとした売り物だけではダメだ。

そこでだ。この町には城跡という立派な名所がある。わしは何回も散歩に行ったのだが城山は淋しすぎる。印象が薄い。あれでは観光客が再訪してくれない。わしが館山市にお世話になったお礼にツツジを一万本寄贈しよう。それを城山に植えてほしい」

どっと拍手が起きた。

この時に贈ったツツジが一万本、後年、更に桜の苗木も贈り、現在、城山公園は花の名所となっている。

更に飛田は続けた。

「観光地は一ケ所だけではだめだ。観光客はあちこち周遊して楽しみたいのだ。だから館山も近隣の観光地と連携するべき。狙いは房総半島そのものを大観光地にすることだ」

長谷川旅館の主人がまずツツジ寄贈の感謝を述べ、続けてこう言った。

「東山先生の仰るとおり、観光客の誘致に対して私どもの努力不足がございます。しかし、言い訳をするようですが、道路事情が悪く、房総半島を一周することなど無理なことです。私の店の前の道路もご覧のようにデコボコ道です。これが館山海岸の泣き所です」

「確かにそうだ。この前、昔話に惹かれて『お仙ころがし』の崖を見に行ったが、道は狭くて悪い、おれが乗ったタクシーが危なく崖から落っこちそうになったよ。これじゃ、お仙ころがしどころか、東山ころがしだ」

座敷にどっと笑い声があがった。

「笑ってばかりいられないだろう！　道路が悪ければ直せばいい。この店の前から白浜辺りまで道路らしい道路を造れば房総のためになる。千葉県はいったい何をしているんだ」

その場には千葉県の道路課長、県土木の所長もいた。彼らは飛田の顔と建設省の官僚の顔を交互に見ながら、「恐れながら…」という雰囲気で、財政再建団体の時は房総の道路整備などとても手が回らなかった。現在も県の中心部の事業も満足にできていない、「何とぞ国庫補助事業枠の拡大を」と訴えるように言った。

それを聞いて飛田、建設省の官僚に向かって、

「建設省はこの千葉県の訴えをどうみているのだ」

「同情はしますが、財政再建団体の指定解除になったからといって、いきなり補助枠を拡大できるわけではありません。総枠も決まっておりますし…」

「房総半島周遊道路ができれば大幅に観光客が増える。すると房総が千葉県のお荷物じゃなくて稼ぎ頭になる。当然、千葉県全体が潤う。そのための道路整備だ。分かるだろう」

「理解はできていますが、なにぶん事業枠がないので……」

「それを考えるのがお前達の仕事だろ！　道路を造るのは何のためだ。千葉県のためではない。建設省のためでもない。その道路を利用する地元民の利便や生活の潤い、すなわち幸せのためだ。『萬象《ばんしょう》に天意《てんい》を覚《さと》る者は幸なり。人類の為、國の為』であるっ！」

飛田は拳を振る勢いでそう言った。

この「萬象に天意を覚る…」は青山士《あきら》の名言。この名言は土木技術者なら誰もが知っているバイブル的な言葉である。青山はパナマ運河工事や荒川放水路建設を手がけた日本を代表する土木技術者。土木学会会長も務めた内務官僚だ。だから、この場に居る建設省官僚の直接の先輩、上司にあたるわけだ。ちなみに、この青山を飛田に紹介してくれたのが真田秀吉。飛田の大恩人である。

居並ぶ建設官僚の胸にこの言葉はぐさっと来た。この名言は、「天はこの自然の地に住民の為に人の手を加えることを薦めた」と解釈できる。これはまさに、今、議論している房総周遊道路建設の是非に対する答であった。建設省官僚達は、何とかしなければ…、の方向に一気に動き出したのである。

こうなると知恵を絞り出すのが官僚である。ある官僚がポツリと言った。

「国家事業補助枠はどう考えても千葉県には無理。とれても中途半端な額では何もできません。でもね、有料道路方式ならいけるかもしれません」

「そうだ！　財源を起債で求める有料道路方式だ。それなら何とかなるぞ」

官僚は膝を叩く！　場がドッと湧いた。

この話は次の日からどんどんと進んでいった。

設計担当、用地確保は千葉県土木部と館山土木事務所の担当。ここは大慌てだ。建設省が本気になっている。元よりこれは千葉県の問題だ。やらなくちゃ！　徹夜、徹夜の連続である。そこに青梅に帰っていた飛田から度々電話が入る。

「がんばれ、すぐに長谷川旅館から夜食が届くぞ。がんばれ！」

飛田からの豪華な夜食の差し入れである。

そして、翌年の昭和三十八年（1963）十一月に『南房州有料道路』は事業許可された。長谷川旅館での宴会から僅か十一ヶ月後のこと。特例、特例の連続技だ。道路は館山市洲崎から安房郡白浜町島崎の間の二十二・九キロ、事業費七億一千万円であった。

そして突貫工事。何せ飛田の「まだか、まだか」の電話もうるさいが、建設省も千葉県もやる気いっぱい。昭和四十一年三月に見事完成。千葉県の有料道路第一号の誕生である。

四月一日。小雨の中の開通式。テープカットは料金徴収所で行われた。そこには千葉県知事、館山市長、白浜町長、県土木部長と並び、リボンをつけた飛田の姿もあった。

見物人の多くは、飛田を「あの人は誰？」と見ていたが、ただ一人だけ辺りも憚らず号泣、「東山先生、万歳！」と叫ぶ男がいた。長谷川旅館の主人「ホラ鹿」であった。

南房州有料道路沿いには季節の花がいっぱい植えられた。飛田が贈ったツツジが触発の一環だった。道路は花いっぱいに咲いた房総の野を分けて走る。この道路の愛称は『房総フラワーライン』となった。昭和五十二年には無料開放されて、現在も文字通り房総の動脈となっている。

南房州有料道路開通・テープカット風景　昭和41年4月1日
＝広報たてやま170号より

房総半島に療養に来た飛田が現地の窮状をみて一肌脱いだ。飛田の一喝の下に建設省が動き、無理難題をものともせず有料道路を造ってしまった。言い出してから僅か三年少々のことである。

この実話から飛田と建設省の関係が見えるが、肝心なことは、飛田も建設省官僚も私利私欲では一切動いていないことだ。まさに「地域の為、人類の為、國の為」という高邁なレベルで成した事業なのである。

これに関わった建設官僚達は官僚としての達成感を得ていたはずだ。そして、それをリードした飛田の魅力もそこにあるのだ。

『房総フラワーライン』の生みの親は紛れもなく飛田である。しかし飛田の活躍や実績は大概この辺りで雲隠れして見えなくなってしまうのが常。ところが、今回は例外的にこんなことが起こった。

こんな手紙を見つけた。昭和五十六年二月十七日消印の速達郵便である。差出人は房総毎日新聞社の石井博氏。私信だが公にして不都合なものではないので転記させてもらう。

（略）フラワーラインの建設に伴い観光客も増えました。これも飛田先生が、はせ川に来られて道路ができ上がり、地元民は先生に対して非常に感謝しておりましたが、年月が経つに従い有難味が忘れがちになっておりますので有志で先生をお招きしてご高説を伺う機会を得られればと、（略）。

飛田を館山に招いて、感謝の集いをしたいとの誘いであった。房総フラワーライン開通から十五年後のことだ。長い年月が経ってもまだ飛田を忘れず感謝の意を表したい方々が房総にいたことを知り、筆者も我がことのように嬉しい気持ちになった。

さらには飛田を高く評価する人がいた。千葉県交友倶楽部の石毛博氏である。氏は県庁OBで歴代の三人の知事に側近として仕えた〝裏方ひとすじ〟を信条としている人である。

石毛は房総フラワーラインの生みの親である飛田に千葉県をあげて感謝するべきだと力説、工事の認可が下りた時は県の土木部長を青梅の東山荘に挨拶に向かわせた。さらに道路開通後、千葉県知事の主催として「東山先生を囲む会」を東京・浅草の料亭で開き、県知事を先頭に県の幹部がうち揃って飛田に感謝の意を表している。

これらの仕掛け人は石毛。氏は何度も東山荘・東山農園を訪問、飛田とは親密な仲となった。その交流の模様は『ちば開発夜話』（千葉日報社）に書かれている。なお、本章も同著を参考にさせていただいている。

その石毛だが、昭和五十九年（1984）十一月二十三日に執り行われた飛田の告別式の司会進行役を受け持っている。ご遺族からの指名であった。数多の友人の中から千葉県在住の石毛に白羽の矢が立ったのだ。晩年の飛田との距離の近さが分かる。

その告別式の冒頭、司会役の石毛の言葉が残っていた。

「〝義理と人情を秤にかけりゃ　義理が重たい男の世界〟　男一匹八十年、見事に生き抜いた飛田勝造、最後のお別れでございます。どうぞ続いて、ご焼香をお願い申し上げます」

（続刊につづく）

あとがきに代えて

飛田勝造。その行動と実績をみれば昭和史に記されていて何の不思議もないのだがそこに飛田の名はない。なぜないのか。それは飛田の行動が「強きを挫き弱きを助け」に尽きるから。つまり支配階層の強い人から下層階層の弱い人を守ることに徹したからだ。だから支配階層にとって飛田は面倒な存在。公に記録して顕彰などするはずはない。

飛田は〝人足〟や〝立ちん棒《ぼ》〟といわれた日雇い労働者の労働環境を改善、一般労働者の範疇に入れた。前科のある人を六百人も束ねて彼らに勤労意欲を持たせるなどの意識改革をした。政治家ならともかく一人の庶民が社会制度の改革に奮闘する。まぁ、なんと無謀で物好きなこと、と言いたいが、ちゃんとやりきった。そして飛田はそれを成したことによる経済的な利益など得ていない。馬鹿を承知のただ働きなのである。

隅田川花火大会は昭和三十六年から十六年間も中断していた。それを復活させた中心人物は飛田である。再開した昭和五十三年大会の実行委員長・糟谷道明氏はパンフレットでも開会の挨拶でも「東山先生の力がなければこの日はなかった」と強く感謝の意を述べている。飛田にとって隅田川花火大会は、「庶民にこれくらいの楽しみがあってもいいじゃないか」程度の思いだろう。でも政財界を駆け回り、説得し、金を集め、見事、一万発の花火を打ち上げてしまった。これもまた、馬鹿を承知のただ働きだった。

この他、本書で書いた様々な飛田の行動はすべて「弱者のため」だった。

そんな男伊達が昭和の世にいた。己の利益のためでなく見ず知らずの誰かのために命を張れる男である。令和の世にも、馬鹿を承知で〝弱きを助け強きを挫く〟行動をとれる人物が現れてくれることを思い描きつつ飛田勝造伝を書き綴っている。

なお、「中国人民会の飛田」「建設行政と飛田」という少々生臭い話は下巻に譲った。

最後になったが、出版にあたり数多くの資料をご提供くださった飛田の次女、藤田義子さま、孫の飛田東児さまに深甚の謝意を表す。また、出版にあたり絶大なご努力を賜った新葉館出版のスタッフのみなさまに深く一礼する。

二〇二〇年八月二十四日（飛田勝造の誕生日に）

西まさる拝

【主な参考文献】　飛田東山『生きている町奴』けいせい（1974）／飛田勝造『国望国家の建設と労士の錬成』同（1941）／飛田勝造『国望国家の建設と労士の錬成』（1941）／佐々木啓『「仁義」の動員―戦時期日本における日雇労働者』歴史学研究（2018）／飛田東山『東山雑詠集』けいせい（1981）／牧野吉晴『無法者一代』東京文芸社（1957）／富沢有為男『侠骨一代』講談社（1959）／肥後和男『藤田東湖』新潮社（1944）／西まさる『中島飛行機の終戦』新葉館出版（2005）／西まさる『幸せの風を求めて』新葉館出版（2013）／小河内村役場『小河内村報告書』（1941）／石川達三『日陰の村』（1938）／石毛博『ちば開発夜話』千葉日報社（1998）／広中一成『ニセチャイナ』社会評論社（2017）／渡辺登志子『重すぎた無窮花』文芸社（2006）／大森実『崩壊の歯車』講談社（1975）／辻政信『潜行三千里』毎日新聞社（1950）／大倉十彌也『青梅再発見』私家版（2007）／『週刊現代』講談社（1959）／『週刊サンケイ』扶桑社（1967）

【著者略歴】

西まさる（にし・まさる）

1945年東京生まれ。作家・編集者。

著書は、『地図にない町』『悲しき横綱の生涯・大碇紋太郎伝』『次郎長と久六』『男のまん中』『忠臣蔵と江戸の食べもの話』『幸せの風を求めて―榊原弱者救済所』『中島飛行機の終戦』など多数。最近刊は『吉原はこうしてつくられた』（新葉館出版）。

西まさる編集事務所主幹。はんだ郷土史研究会代表幹事。東海近世文学会会員。名鉄カルチャースクールなど文化講座講師多数。

昭和史の隠れたドン

唐獅子牡丹・飛田東山

○

令和2年9月1日 初版
令和2年11月30日 第二刷

著者
西 まさる

発行人
松岡恭子

発行所
新葉館出版
大阪市東成区玉津1丁目9-16 4F 〒537-0023
TEL06-4259-3777㈹ FAX06-4259-3888
https://shinyokan.jp/

印刷所
株式会社太洋社

○

ISBN978-4-8237-1036-0